フィギュール彩 42

THE METHOD OF CREATIVE WRITING FOR
RAKUGO
KAZUHIRO INADA

たのしい落語創作

稲田和浩

figure Sai
彩
彩流社

目次

前文

小説を書いてみたいと思う人は結構いらっしゃると思います。

アイディアはあるんだ。登場人物のキャラクターなんかも細かに作った。ストーリーも練れている。さて書くぞ……でもなかなか書けない。一向に筆が進まない。どうしてだ？

何故書けないのか。そら、なかなか簡単には書けません。いままで、百枚、二百枚の長い文章を書いたことがありますか？　せいぜいが大学の卒業論文くらいじゃないでしょうか。

いや、会社で毎日のように、ながーい、ながーい報告書を書かされているよ、という人もいるかもしれません。文章を書くことには慣れている。

けれども、報告書や企画書と、小説やエッセイは別物です。面白い、読み手が感動するような報告書を書いたら上司に怒られるでしょうね。なるべく無味乾燥に事実と数字のみを並べるのが報告書です。

長編小説は無理かもしれないから、とりあえず短いものから手をつけてみる。

その考え方は正しいと思います。ものを書くのは集中力がいります。とりあえず一気に書けたほうがいい。もちろん、あとで直したりはしますよ。でも、まず初稿を短い時間で、一気に書いてみることは大事です。

短編小説とか日常雑記、書いてはみたが、どうも面白くならない。というかモノ足りない。

何か打開策はないかと考えている方に、ちょっと発想を変えた提案をしてみたいと思います。

「新作落語を書いてみませんか!」

本書は、新作落語の作り方から、オモシロオカシイ文章の作り方を学んでみようという、いままでの人たちが考えなかった、文章作りのハウツー本です。

落語というと、八つぁん、熊さんが出て来て、長屋が舞台のお話というイメージをもたれる方も多いでしょう。現代を語る新作落語もあるんだよ、とはいっても、八つぁん、熊さんが、サラリーマンの田中さんとか鈴木さんになっただけで、たいした違いはない。

いいえ。そんなことはないのです。「落語は時代の写し鏡」といわれているように、その時代の「いま」を捉えた作品が作られて来ました。

それらの作品には、落語家や作者の感性で、「笑い」や「感動」を生み出しています。

落語の一番の特長は「テーマはなんでもアリです」。

もちろん、とりあげる題材は、八つぁん、熊さんでもいいです。古典落語のような新作落語もあってもいい。そんなに爆笑モノでなくてもいい。ＳＦ、ホラー、ナンセンス、下ネタ、感動話……なんでもアリなのが落語です。

さらに、落語の特長を簡単に言うと、

短い（長いのもあるが基本は二十分程度。原稿用紙にして十五枚～二十枚）
喋り言葉
テーマは一つ（一つの発想からストーリーを膨らませる）
笑いどころが必ずある
仕掛けなどのテクニックがいるものもある
登場人物は二～四人程度

そうした特長が、オモシロイ文章を書くうえでも鍵になります。


そうはいっても、なかなか納得のゆかない方もいるでしょう。

まず新作落語とは何かを簡単に説明します。そこに、あなたの書きたいもののヒントがあれば、書いてみてください。

落語のはじまりは、江戸時代の中期、富裕町人や文化人たちが、オモシロオカシイ話を持ち寄って披露したことにはじまります。当時ですでに、オモシロオカシイ話の作り方のハウツー本も出ていました。

本書は、新作落語とは何か、新作落語の作り方、そして、そこから学ぶオモシロオカシイ文章の作り方を考える一冊です。

あなたの創作のヒントになれば幸いです。

第一章　新作落語とは何か

（1）落語の発生

落語とは何か

落語の発生については、いろんな本にいろんなことが書かれています。どれも間違いではありません。「落語」というモノの定義がそれぞれの論者によって違うからです。

「落語とは何か」といった明確な定義はありません。落語の定義をあえていえば、「落語家が一人語りで、座布団に座って、オモシロオカシイ話を語る芸能」ということになるのでしょうか。

でも最近では、落語家でない、芸能人が独自の感性で落語を演じたりもしています。その前から、天狗連などという素人が趣味で落語を演じていたりもしています。何も落語家でなくてもいい。

「座布団に座って」というのは江戸時代、寄席の芸人が立って演じることを禁じられていた（注1）からです。明治以降は落語家が高座で踊ったり、立って演じることもないわけではありません。

「オモシロオカシイ話を語る芸能」、落語が語る内容は「笑い」だけではないのですが、「オモシロイ」という部分をいえば、それは物語の内容やテーマが「オモシロイ」、興味深い、楽しいなどということもあります。

「笑い」を主眼としない落語もありますが、多くは「笑い」を主眼としていますから、一部の例外をのぞいて「オモシロオカシイ話をする芸能」というのは正しいと思います。

いまはまた考え方も変わっていますが、人情噺でも、どこかに「笑い」の要素があり、「笑い」に助けられる部分は多くあります。というよりも、欲や嫉妬や、それでわけがわからなくなった人の物語、人間のなかにある「おかし味」、そこにあらわれるオカシナ話が落語なんだと思います。

落語はなんでもアリ

「落語を作る」ということは、「オモシロオカシイ話」であれば、じつはなんでもいいのです。

五代目柳家つばめ[注2]は、『創作落語論』[注3](三一新書)で「新作落語の作り方」について、「これをこうやって、これを気をつけて、入れたらああして、ああやって、なんて子どもの前であの話をしているみたいな作り方の極意、なんてものはない。つまりそんなものはどうでもいいのだ。(中略)自由におやんなさい。ではおしまい」といっています。「自由」でいいわけだ。

どんなテーマでも落語になりうるし、どんな手法を用いても構わない。

落語は基本、会話で進行します。八つぁんとご隠居、亭主と女房、父親と息子……いろんなパターンがあります。会話も一対一もありますが、大勢で集まって、というのもあります。また、会話でなく、ナレーション、あるいは落語家自身の言葉で進行する「地噺」というジャンルもあります。他にも新しいやり方を考えても構いません。

テーマも自由なら手法も自由。

そんなに「自由」で「なんでもいい」なら別に学ぶべきことはありません。

ではおしまい。

そんな無責任なことは言いません。

落語には江戸の中頃から今日まで二百数十年の「歴史」があり、「落語らしさ」「落語の特徴」といったものが作られて来ました。

「自由でいい」ということを頭に入れておいて、「落語の歴史」のなかで培われた、わかりやすい表現法、お客さんが求めるテーマや笑いどころ、構成などを学んでいけば、いろいろと見えてくるものがある、という話をしているのです。

これから学ぶことは、ルールではありません。あくまでも「こうしたほうがいい」という技術的な「やり方」です。だから厳密に守る必要はありません。けれども、そこから学ぶべきモノは多い、という話をしてゆきます。

よく「落語はこうあるべき」というようなことをいう人がいます。なかには「古典落語至上主義者」で「新作落語は認めない」なんていう人もいます。古今亭志ん生や桂文楽、昔の名人をありがたがり、「いまの落語はなってない！」と斬り捨てる、いわゆる団菊爺(注4)みたいな人たちもいます。あるいは、「いまの落語」は面白くて時代にもあっているが、少し前の名人のCDを聴いてもよくわからない、という人たちもいます。

それもまた考え方の一つです。

落語はほんの四、五十年前までは、日常のことをテーマにしていました。昭和三十年代くらいまでは、世間になんとなく江戸の面影が残っていました。長屋があり、井戸があり、働いている人の職業はたいていが職人か小商人《こあきんど》で、サラリーマン(注5)なんていうのはそんなにはいませんでした。八つぁんや熊さんはすぐ隣に実際にいた人たちでした。

いま、CDなどで聴くことができる昭和の名人、古今亭志ん生、桂文楽、三遊亭圓生、林家正蔵、桂三木助、柳家小さんなどという落語家たちは、その時代に「古典落語」という意識はおそらくなかったと思います。肌で感じた、まだ残っている江戸の世界を、落語として語っていました。

幸いにもCDやDVDで聴くことができる昭和の名人芸を聴いたほうがいいというのは技術的なことだけでなく、彼らが江戸を肌で感じていた落語家だからです。そうした江戸の感覚を、名人芸を通じて間接的にでも知っているのといないのとでは、落語の感じ方、面白味が違ってくるでしょう。だから、古典として継承されて現代の落語家が語る落語、あるいはそれらを工夫して現代の落語として演じている落語のほうが親しみを感じる、というのもわからなくはありません。いまはもうなくなってしまった日常を、普通のこととして語っていることに違和感を感じるという若い人の意見にも耳を傾けなくてはいけないでしょう。

それが客席の移り変わりということでしょう。でも、江戸の感覚を知っていたほうが、落語は面白いんじゃないかなぁ、とも思います。

落語の時代背景

さて、落語の発生。

江戸時代は平和な時代が続きました。大坂夏の陣のあとは戦争はない。島原の乱(注6)やシャクシャインの乱(注7)はありましたが、九州や蝦夷地の話です。地震や富士山噴火などの天災や、振袖火事(注8)で江戸中が焼けちゃったなんていうことはありましたが、戦争というものはない。平和な時代が続きました。

開幕から百年で元禄、二百年で寛政です。元禄とか寛政っていう年号はなんとなく聞いたことがあるでしょう。百年、二百年という節目には江戸がそれなりの転換期を迎えているわけです。

元禄時代は赤穂浪士の討ち入りで有名ですが、それ以上に町人の文化が花開いた時代として注目されています。近松門左衛門の浄瑠璃や、初代市川団十郎、初代坂田藤十郎の歌舞伎、井原西鶴「好色一代男」などの小説や、松尾芭蕉の俳句などが人気を呼んだのもこの時代です。そして、元禄の頃に落語のような芸能が、京、大坂、江戸で起こりました。京は露の五郎兵衛、大坂は米沢彦

八、江戸は鹿野武左衛門です。これらは大道や葦ず張りの小屋で咄を語って聞かせていました。五郎兵衛や彦八の流れはいまの上方落語に繋がりますが、江戸では武左衛門のあと、しばらくは落語のような芸能は途絶えてしまいます。江戸で落語のような芸能が再び開花するのは、それからさらに百年の時間が必要でした。

寛政時代というと、松平定信の「寛政の改革」が有名ですが、これは金縮政策です。金縮政策がとられたということは、その前に世の中がインフレに見舞われたということです。いや、江戸時代の経済はどの時代もほぼ右肩上がりで成長していました。だから、ときどき金縮政策の改革でインフレ抑制を講じていました。

経済が活性化することで、江戸には富裕町人たちが生まれました。地方は疲弊していても、都市は裕福でした。それは一部の富裕層だけでなく、職人にも需要が増え、小商人にまでも利益が浸透してゆきます。全体にお金がまわり裕福になっていったのです。

お金があれば、美味いものを食い、いい着物を着てお洒落をし、さらには文化的なことにお金を使うようになりました。歌舞伎や文学、そして、音楽も流行しました。

上方では義太夫が人気でした。音曲の司などといわれ、素人の旦那衆も義太夫を習っていました。江戸もその影響で、義太夫を習って語る人も出てきました。他にも京の一中節が下って来て、宮古路豊後掾が語った豊後節が人気となり、そこから常磐津、清元、新内といった江戸浄瑠璃も生まれました。音曲を習って、ちょっとしたときに一節唄えるのが、江戸っ子のステータスでした。唄の一つも歌えると女の子にモテました。

文学でも、俳句や短歌、川柳、狂歌なども人気で、そうした講[注9]が街のあちらこちらにでき、素人文人たちも活躍しました。

芝居も、それこそ商家の旦那が家に小さな舞台を作り、茶番などという素人芝居を演じる人までいました。この時代は、見るだけでは飽き足らない、演じる人も現われ、普通の町人や下級武士でも戯作者や芸人になる者までいました。

噺の会

「向島武蔵屋にて、昔噺の会がござりやす」という案内状が届きました。向島武蔵屋は有名な料理屋で、そこで「昔噺の会」があるという。だが、いつやるのかが書いてありません。これはじつは判じ物の案内状で、「昔」ではなく、「廿一日」と読む。つまり「二十一日に噺の会がある」という案内状でした。要するに、この会には洒落のわかる人しか参加できない。江戸のオモシロイこと大好きな富裕町人たちの集まりなのです。

音曲を習ったり、俳句や狂歌をひねったりといった文化的な生活を謳歌していた江戸の富裕町人たちのなかで、それだけでは飽き足らず、何かオモシロオカシイことがしたい。市井のオモシロオカシイ話を持ち寄って披露しあう講ができました。そのひとつがこの案内状を出した「噺の会」です。発足したのは天明(一七八〇年頃)のころで、主催者は烏亭焉馬《うていえんば》、大工の棟梁の息子で戯作者でもあります。参加者には、山東京伝、式亭三馬、太田南畝《おおたなんぽ》(蜀山人《しょくさんじん》)ら当時の代表的な文化人が名を連ねていました。ここで披露された噺が、鹿野武左衛門以来、江戸で途絶えていた落語の原典でしょう。

やがて、噺の会でも、作るのがうまい者、話すのがうまい者、聴くだけの者に分かれてゆき、寄席が登場する下地ができてきます。そして、「噺の会」の社中の一人であった、櫛屋の又さんこと山生亭花楽《さんしょうていからく》(三笑亭可楽)が、寛政十年(一七九八年)に下谷神社でお金をとって噺を披露しました(注10)。寄席のはじまりです。

ちなみに、当時はまだ「落語」とは呼ばれてはおらず「落とし噺」と呼ばれていました。「落ち」のある噺だから「落とし噺」です。そのうち「落語」と書いて「おとしばなし」と読むようになり、やがて「らくご」と読まれるようになりました。

(2)落語の作り方ガイド

落噺六儀

オモシロオカシイ噺といっても、世の中に早々には落ちてはいません。

そこで彼らはオモシロオカシイ噺を創作することになります。では、オモシロオカシイ話はどうやって作ったらいいのか?

焉馬はオモシロオカシイ話を作るためのテキスト本を著わしています。オモシロオカシイ話を作るためのマニュアル本が、二百年前に存在していたわけです。

平安の昔の紀貫之[注11]が著わした「和歌六儀」のもじりで、その名も「落噺六儀」。このあたりのタイトルのつけ方もなかなか洒落ています。

落噺六義序

むかしむかしありつるとなん。翁は山へ、姥は川へ、桃の流れしこのかた、その噺の種天々として、その葉蓁々たり。されば、竹に鳴く舌切り雀、月にすむ兎の手柄まで、いづれか噺に漏れざらん。力も入れずして、頤の掛金をはずさせ、高き姉女郎の顔をやはらぐるは、これなり。此の朝、いつぞや下の日待ちの時、友どちおれわれなれに語り、喜美談語の小冊を丸めしより、ただ滑稽に遊ばんと、今年も卯月の始めより、神無月の末に至まで、不わいの拙き舌講、机下に戯れたる噺を書いつけて、判者を乞はんとむ、虚空に流行て、雲を起こす両国橋のほとり、痺れも上る京屋が許に、噺のやうな噺の会は、門前に市も栄へ、楼上に人の山をなす。もとより、戯作談語といへども、官録公辺の噂を禁じ、古き文を種として、のど筒の往来かまびすし、誠や、和歌に六儀あり。馬鹿に律義者あり。八重垣の垣間見に、歌道の六儀をのぞけば、風賦比興雅頌といへり。

序文からして、昔話を例に、それこそオモシロオカシク綴っています。噺の種は天々（若くて美しい)、葉は蓁々(青々と繁っている)、「力も入れずして、頤の掛金をはずさせ……」以下は「古今和歌集」の仮名序のパロディになっています。「頷の掛け金をはずさせ」は、「大笑いさせる」の意味です。そのあとも新内の文句に続きます。

「喜美談語の小冊を丸めし」は桃太郎の黍団子のパロディで「喜美談語」という自分たちの創作小噺をまとめた小冊子を作った(寛政八年正月刊)、その時より、今年も正月から十一月まで私の下手な話と創作の批評をしてもらいたいと噺の会を重ねて来た。政治批判なんかせずに一生懸命オモシロオカシイ話を作ってきました、と言っています。

「和歌に六儀あり」、和歌には「六儀」といって紀貫之が書いたマニュアル本がある。「馬鹿に律義者あり」は「和歌に六儀あり」の洒落です。歌道では「風賦比興雅頌」といえるものを噺でも六儀としてみましょう。

そうして「落噺六儀」ではおもしろい話とはどういうものかを説いています。つまり、どんなテーマを取り上げたらよいか。どんな話がオモシロオカシイ話となりうるかを説明しています。

焉馬が「和歌六儀」の「風賦比興雅頌」に当てはめてあげたのは、

①風《ふう》　ゆきすぎばなし

②賦《ふ》　万八はなし(嘘話)

③比《ひ》　地口落ちのはなし
④興《きょう》　下がかりのはなし
⑤雅《が》　りくつ落ちのはなし
⑥頌《しょう》　人情はなし

こうしたテーマは現在でも、オモシロオカシイ話を作るには重要であると考えられます。オモシロオカシイことというのは、もちろん時代の流行もありますが、根幹は「普遍」であり、「普遍」とは何かといえば、こうしたテーマにあるということです。

焉馬は平安や鎌倉時代の和歌のテキストでも同じことをいっているように「八雲御抄に言う十体のうち」などといったりして、それぞれのテーマを解説し、いくつかの実例を紹介しています。では焉馬が紹介した具体的な作品のいくつかをあげましょう。もちろん江戸時代の作品ですから現代とは「オモシロイ」の感覚が違いますが、参考として考えてみてください。

①風《ふう》　ゆきすぎばなし
ゆきすぎのはなし。つまり、度を超えた話、常識はずれな話のことになります。

●八百屋
「大根ください」「大根はありません」。切り口上でいう奉公人に八百屋の主人が諭す。似たものを出して、「それはございませんが、こちらではいかがでしょう」というのが商売だ。

早速客が来る。「長芋ください」「長芋は切れましたが、つくね芋（注12）では」。客はつくね芋を買ってゆく。別の客が来て、「山葵をください」「山葵はありませんが、生姜ではいかがですか」。これも仕方がないと買ってゆく。

そこへまた別の客が来て、「畳鰯（注13）をください」「畳鰯はありませんが、フノリではいかがですか」
＊八百屋に畳鰯を買いに来るのがそもそもおかしいうえ、形状は似ているが用途の違うものをすすめた（食べられないもの）ことが笑いのポイント。

●芸づくし

ある商家で祝いごとがあり、奉公人に酒肴がふるまわれる。主人も酒が入って上機嫌になり奉公人たちに芸をやってみせろという。番頭が謡い、手代の治兵衛が義太夫、伝兵衛が豊後節、年長の丁稚が軽業の真似をして逆立ちをした。下女が潮来節を歌い、飯炊きの権助も田舎の踊りを踊った。主人はますます機嫌がよくなり、最後に年下の小僧にも芸をやれという。「できません」という小僧に無理矢理に「やれ！」というと、「髪結いさん、おりやせぬか」
＊髪結いを呼ぶときの文句を芸だと小僧が勘違いしたところが面白い。商家の使用人といえど、中年の番頭が知識人の嗜み的な謡いを披露し、若者の手代たちが義太夫や豊後節という当時の流行歌を歌い、下女や飯炊きは田舎の歌や踊りを披露するなど、世代や身分で芸の内容が違うところも注目の一つ。

②賦《ふ》　万八ばなし（嘘話）

万八ばなしとは嘘話のこと。万のうちに八しかホントのことがないくらいの嘘話という意味です。

●にわとり

若旦那が美人の恋人と庭でイチャイチャしていた。そこへつがいのニワトリがやって来た。若旦那は牝のニワトリを見て「いいニワトリだなぁ」という。牡のニワトリは若旦那の美人の恋人に見とれていたので、思わず、「トッケッコー」

＊ニワトリの鳴き声の「コケコッコー」が「取り替えっこ」に聞こえたという話。

●龍

夕立を降らす龍が落っこちてきた。そのうち雲が晴れて、龍は天に帰ることができなくなった。人が集まって来る。龍はどうすることもできない。

「怖いものと思っていたが、たいしたことはない」と笑う者もいる。

家の格子のなかでは煙草をのみながら見物している者もいる。龍には煙草の煙が雲に見えたので、あれに乗って天に帰ろうと、格子のところに飛んでいったら煙草の煙で、「ゴホンゴホン」

＊龍という存在が嘘話。煙草の煙を雲と間違えた、ある意味ファンタジーですね。

③比《ひ》　地口落ちのはなし

言葉の洒落や語呂あわせです。落語の落ちなどにも多く用いられています。

●すいか

主人が居候(注14)に少しは働けと小言をいう。天秤を担いで茄子を売れといったら、肩が痛いから嫌だ。では、西瓜の切ったのを並べて売ればよかろうといわれ、居候もやることにする。主人は看板代わりに赤い紙を買って来いという。赤い紙は、「赤く熟した西瓜があります」という意味だ。ところが、赤い紙が売り切れで、仕方なく青い紙を買って来た。主人が呆れて、「赤い紙でないと駄目だ」というと、「青でもいいんです」「どうしてだ」「西瓜を丸ごと売ります」

＊西瓜の皮は青いから、青い紙でもよいという意味。

●駆け落ち(注15)指南所

「駆け落ち指南所」という看板の家に男が訪ねて来て、駆け落ちのやり方を教わりたいという。「旦那の留守に、家財を持って逃げろ」と先生がいうと、男は「それでは泥棒だ」という。先生は、「家財を盗んで逃げるから駆け落ちになる。ただ逃げたのでは出奔だ」というと、「すっぽん！　それでは首を斬られます」

＊「すっぽん」と「出奔」の洒落。駆け落ちは姦通罪だから首を斬られるのと、すっぽん料理ではまずすっぽんの首を斬り落とすのを掛けています。

④興《きょう》　下がかりのはなし

いつの時代でも下ネタは受けます。下半身、性行為、糞尿、チンコ、キンタマなどの話です。

●質物

ある男が当座の金に困り、女房を質[注16]に入れた。一分[注17]の金を借り、すぐに請け出したが、また金に困った。「カカア、すまねえ、また質屋に行ってくれ」「えーっ、嫌だよ。私はヤクになって（生理になって）腹が痛いんだ」「そこをなんとか頼む」、男は女房を引き摺るようにして質屋に連れて行った。番頭が女房の体を調べ、「今日は一分は貸せません」「どうしてだ」「とんだところに傷があります」

＊江戸の昔も用いていた生理用品の帯を、傷と見たという話らしい。よくはわからない。

●口うつし

いつも歯を磨いて歯が真っ白な男は通人ぶった気障な奴だといわれていた。そんな歯の白い友達をからかった男、こやつは歯なんか磨いたことがない。歯糞で歯が黄色くなって異臭を放っている。この歯の汚い男が色男を気取っている。ある日、女が癪[注18]で気を失った。そこで色男が口移しで水を飲ませたら女は息を吹き返した。母親も喜んで礼をいい、娘に「おまえもお礼をいいなさい。あの方が口移しで水を飲ませてくれたから助かったんだよ」といったら、娘はその場でゲロを吐いた。

＊娘の気持ちはわからなくはないが……汚い話だね。

⑤雅《が》　りくつ落ちのはなし

りくつ落ちは、考えてわかる話。

●香の物

新しい奉公人が何かと気が利くので主人は喜んでいる。料理もうまい。昼時分、茶漬けで軽くすまそうと思った主人は、飯と沢庵を用意させる。すると、沢庵が十枚くらい繋がっていて切れていない。主人は怒り、「おまえは以前どこの料理屋に奉公していた?」「料理屋には奉公していません。百草屋(注19)に奉公していました」

＊お灸の百草ね。考えてみてください。

⑥頌《しょう》　人情はなし

人情の機微におかしみを見出す話です。

●茶碗

吉原に茶碗屋が来たので、花魁(注20)が茶碗が欲しいと言い、若い衆(注21)が茶碗屋を呼ぶ。値段交渉をするが、茶碗屋がなかなか負けてくれず、若い衆は腹を立てて「買わない」と言い、茶碗屋は帰る。が、戸口のところで茶碗屋が転んで、茶碗を全部割ってしまう。若い衆はそれを見て喜び、「割っちまうくらいなら、負けて売ればよかったのに」と笑う。若い衆から話を聞いた花魁は、「買わなくてよかった」

＊買っていれば割れなかったんだけど。

●折句

花魁が最近は狂歌よりも折句が流行しているという話を聞いてくる。折句とは、三文字の単語を選んで、五七五の頭に読み込んで川柳を作る遊び。
たとえば、「みそか」という題なら、
み・箕輪[注22]から　そ・そっと配りし　か・かしわ餅[注23]
という塩梅。
花魁、一生懸命考えたが、「みそか」という題でいい折句ができない。
「どうも、みそかではできません」といったら、新造が「みそかができずば、十四日にしてもらいなさい」
＊勘定の支払日が昔は「みそか」でした。で、「みそか」に支払いができないときは、翌月の「十四日」に払えばよかった。「みそかにできずば、十四日」は庶民の切実な科白です。

以上が焉馬の掲げた六儀です。

ここで揚げられた事例の小噺は古いですが、テーマは現代にも通じるものがあります。

現代の創作で行き詰まったときは、ここに戻って考えてみるのもアリです。創作の参考になるはずです。

(3)三遊亭圓朝に落語の作り方を学ぶ

中興の祖・三遊亭圓朝

幕末から明治時代に活躍した落語家に三遊亭圓朝(一八三九〜一九〇〇)がいます。「牡丹灯籠」「真景累ヶ淵」「塩原多助一代記」「安中草三郎」などの怪談噺や長編人情噺を多く創作し、落語中興の祖といわれました。

圓朝は幕末の頃、芝居噺で大スターでした。芝居噺とは、高座でおしまい近くに、科白が芝居調になり、歌舞伎の所作を見せたり役者の声色などを聞かせる噺です。背景に書割などの道具を用いて、お客さんに歌舞伎を体感してもらうわけです。

その圓朝が明治になり、素噺に転向します。扇子一本で、語りで物語を聞かせる長編人情噺です。

圓朝が創作をはじめた理由は、一説には、安政六年に下谷の大きな寄席でトリを取ったときに、師匠の二代目圓生に助演を頼んだところ、師匠が前に上がって、その日、圓朝がやるはずだった芝居噺を先に素噺でやってしまったという話があります。お客さんは圓朝の芝居噺を見に来ている。道具が決まっている芝居噺では決まった噺しかできない。それでも圓朝は、違う噺を工夫して、なんとか用意した道具で演じ切りました。

これは二代目圓生の意地悪だったのか、それとも親獅子が子獅子を谷に突き落とす試練を与えたのかはよくわかりませんが、この件で圓朝は、他の人が誰もやらない、自作の新作をやろうと決意したといわれています。

この話がホントかどうかはわかりません。しかし、圓朝自身が新しい独自の話を作って演じてみたかったのだと思います。そして、素噺の人情噺が、明治という新しい時代に受けると考えていたのでしょう。

幕末から明治の寄席のシステム

幕末から明治の寄席は十五日間の興行でした。その頃は他に娯楽もないし、寄席の木戸銭も安かった。(注24)寄席としてもお客さんには毎日来て欲しかったし、お客も面白ければ毎日でも通いました。いまのお客さんに毎日来てもらうために落語家たちが演じたのが、連続モノの長編人情噺でした。いまの連続ドラマを見る感覚です。毎回ストーリーが連続で展開してゆき、いいところで「つづきは明晩」とやるから、明日も見に行かなきゃならなくなる。もちろん、下手な落語家や、つまんないストーリーではお客さんを引っ張れない。話術と内容が必要だったわけです。

この時代、長編人情噺ができなければ真打にはなれなかったというのは、真打は十五日連続の話でお客を呼んだということです。

やがて、明治も十年になると、寄席の様子も変わってきます。地方から、労働者や学生などが多く集まり、彼らも娯楽を求めて寄席に来るようになりました。労働者や学生に受けたのは、人情噺や江戸趣味の洒脱な芸ではなく、珍芸といわれる踊りや一発芸、あとは娘義太夫のような、現代でいえばアイドルのような芸が受けました。

代表的な珍芸には、初代三遊亭圓遊の「ステテコ踊り」、三遊亭萬橘の「へらへら踊り」、四代目立川談志の「釜掘踊り」、四代目橘家圓太郎の鉄道馬車のラッパ[注25]のもの真似などです。

ステテコ踊りはもともとは幇間の踊りだったらしく、現在でも林家正雀らが受け継いで演じています。へらへら踊りもコミカルな踊りで、釜掘踊りは「二十四孝」[注26]のなかにある郭巨の釜（金塊のこと）掘のエピソードを踊ったもの、鉄道馬車は目新しく、その真似がやたらと受けたということです。こうした一発芸に近いものも落語であり、そんな時代にも圓朝は別格で、長編人情噺がおおいに受けていました。

圓朝の作品

圓朝の作品は速記本[注27]で残されているので、その全容を知ることができます。

現在でも、岩波書店から圓朝全集が刊行されていますが、だいたいのところを知りたければ、岩波文庫から「牡丹灯籠」と「真景累ヶ淵」がそれぞれ刊行されています。

「牡丹灯籠」も「真景累ヶ淵」もいわゆる怪談噺になりますが、怪談の要素のある長編人情噺といってもよいでしょう。怪談噺というのは芝居噺のジャンルに入るらしく、芝居噺で歌舞伎調になるところで、火の玉が飛んだり、幽霊が出たりして、最後は噺家が見栄を切って「さて恐ろしき執念よなぁ〜」で終わるというかたちが江戸時代のものでした。圓朝も最初はそのようにやっていたのかもしれませんが、速記で残っている「牡丹灯籠」「真景累ヶ淵」などは人情噺のかたちを取り、登場人物の怨み、執念、「牡丹灯籠」では愛情までもが幽霊や怪異を生み出す、その物語の面白さが主眼となっています。

　幽霊が怖くて面白い[注28]というのもありますが、幽霊が出るに至る物語の面白さが語られるわけです。長編人情噺ですから、物語も長く、現在では演じられていない部分もあります。「牡丹灯籠」はお露と新三郎の話と、お露の実家、飯島家の話が前半、交互に語られて進んでいきますが、現在では飯島家の話はほとんど演じられることはありません。「お露と新三郎」の話と、新三郎の家作に住んでいた伴蔵とおみね夫妻のその後の話「栗橋宿」がよく演じられています。

「真景累ヶ淵」も長い話ですが、後半は人気のため付け足した感があります。六代目三遊亭圓生も八代目林家正蔵も途中の「聖天山」くらいまでしかやっていなかったと思います。最近、桂歌丸が「聖天山」からの後半は飛ばして最後の「お熊の懺悔」を演じて話の完結を聞かせています。

　それでも話の展開の面白さ、巧みに張り巡らされた伏線を、因果、因縁で結び付けてゆく作法の巧さは見習うものがあります。そして、「牡丹灯籠」の意外な結末も、ぜひ一読でも一聴でもしてみてください。

　さらには圓朝の速記からは、人情噺、怪談噺であると同時に、圓朝の語る落語であるということがわかります。物語の面白味と同時に、落語的なギャグが随所に盛り込まれています。たとえば、

「牡丹灯籠」で幽霊から金をもらおうと画策する伴蔵が「幽霊にはおあしがない」と言ってみたり。そうしたいわゆる、洒落や遊びの笑いが随所に出てきます。そこには圓朝が、一席のなかに何カ所か笑うところを設け、怪談でありながらホッとする場面をつくることにも気を配っていたということでしょう。

圓朝というと人情噺、語り芸で客を引きつけ聞かせる芸だというイメージがあります。残念ながら、圓朝の録音は残っていないので、その芸風は評判記などから推測するしかありません。ただ、その引きつける芸の手法のなかに笑いを随所に入れてくるという、落語家としての感性があったのは確かです。

それは三遊亭の芸として、昭和の名人といわれた六代目三遊亭圓生にも受け継がれていました。

(4)改作、新作、明治・大正から昭和の新作落語

明治の改作

ステテコ踊りで人気だった初代三遊亭圓遊は、一方で落語の改作で滑稽噺に新たな息吹を吹き込みました。それまで陰気だった「野ざらし」を今日演じられているような陽気で明るい噺に改作したのは圓遊です。圓遊の改作で、浪人、尾形清十郎(注29)は彰義隊の生き残りという設定になっています。これは今日では言う人と言わない人がいます。

そのほかにも、「お初徳兵衛」[注30]という人情噺の一部を独立させ、「船徳」という、これも今日の落語の定番ネタに改作しています。「湯屋番」「転宅」も圓遊の改作です。時代がより面白いモノを求めていました。そして、圓遊や禽語楼《きんごろう》小さん(二代目柳家小さん)らは滑稽噺でも寄席でトリを取り、お客さんを集めました。

人情噺も圓朝だけではなく、柳派でも創作がなされ、談洲楼燕枝《だんしゅうろうえんし》は「島衛沖津白浪《しまちどりおきつしらなみ》」(天保の頃、八丈島から脱獄した侠客の話)や、「あはれ浮世」(「レ・ミゼラブル」の翻案)などがあります。春錦亭柳桜は、「髪結新三」「切られ与三郎」などの歌舞伎ネタ、なかでも「四谷怪談」(乾魂坊良斎の講談を脚色)は圓朝の怪談噺と対抗しました。

そのほか明治末には、探偵小説も書いた初代快楽亭ブラック[注31]の「ビールの競争」などがあります。「ビールの競争」はのちに今村信雄[注32]が書いた「試し酒」と同工の話です。ブラックの探偵小説(「幻燈」「車中の毒針」など)はちくま文庫で読むこともできます。

落語研究会と益田太郎冠者

明治三十八年、その頃の寄席は珍芸のような俗受けするものが主流になっていたので、江戸落語の本筋を守り、かつ時代にあった新作を作ろうという動きが起こり、初代三遊亭圓左、四代目橘家圓喬、初代三遊亭圓右、三代目柳家小さんらがはじめたのが「落語研究会」です。寄席ではなく常盤木倶楽部という会館を会場に月一回、客席は中流以上の客が静かに江戸の落語を鑑賞する、今日のホール落語（注33）に似た形式のものです。「落語研究会」では「時代に即した新作の創作」がテーマの一つに挙っていました。

では、どんな新作落語があったのでしょうか。

新作落語の台本公募も行われていましたが、とりわけ活躍したのは益田太郎冠者でしょう。今日も演じられている「かんしゃく」「宗論」「かんにん袋」などの作者として知られています。

正岡容（注34）は「新作落語史」（随筆『寄席行燈』昭和二十一年）のなかで、「三遊亭圓朝をもって明治の新作は華々しく開幕した」といい、明治末から大正にかけては「太郎冠者以外はほとんど目星しひとなかった」と言っています。

益田太郎冠者は、三井財閥の創始者、益田孝の息子で、夏目漱石よりひと足早く欧州留学していたが、ほとんどムーランルージュ（注35）に入り浸っていたという、早い話が国際的寄席通。帰国後、銀行員を経て会社社長、そして、日本初の西洋式劇場である帝国劇場（注36）の芸術監督となります。実業家と文化人の両方の顔を持ち、喜劇の脚本を書き（ただし小山内薫に酷評されている）、「コロッケの唄」（注37）を作詞し、端唄なんかも作って歌い、女優と浮名を流し、落語の台本も書いています。

太郎冠者の作風は、とにかく時代を先取りしているというところでしょうか。「宗論」には耶蘇教が出てくるし、「かんしゃく」は明治時代のブルジョア家庭の細かなディテールが描かれていますす。それらが明治・大正のシチュエーションとしてのリアリティを見せています。

この時代はいわゆる演芸の台本を書く職業作家という人がいませんでした。太郎冠者は花柳界などで落語家と親交を持ち、いわゆる「お旦」(注38)的な立場の人でした。一方で当時の落語界では、時代の移り変わりに併せて新作が求められていた時代でもあっただけに、西洋帰りで喜劇の台本も書き、それでいて「いいお旦」でもある太郎冠者は落語家たちにとってはかなりありがたい存在でした。

太郎冠者の作品は、初代圓左が「女天下」、三代目圓橘が「宗論」「かんしゃく」などを演じ、今日まで受け継がれています。圓橘は太郎冠者の新作を口演したことで、ハイカラの圓橘と呼ばれました。

この頃の新作では他に、圓左の自作「写真の仇討ち」、岡鬼太郎・作、五代目圓生・演の「意地くらべ」などがあり、今日でも演じられています。

大正時代の新作

この時代はまだ職業演芸作家はいないので、太郎冠者のような喜劇作家や、鶯亭金升、岡鬼太郎ら文士といわれるような人が落語を書いたりもしていましたが、ほとんどは落語家の自作、あるいは古いネタの改作が多くありました。

代表的なものを紹介します。初代柳家小せん(俗にめくらの小せん)、「白銅」は古い噺の改作。「ハイカラ」は外国の根問い。「五人廻し」は古い噺を禽語楼小さんが改作したものを小せんが受け継ぎ、現代に伝えました。「五人廻し」が江戸の吉原ではなく、明治・大正の雰囲気なのはそのためです。

三代目柳家つばめ「官営芸者」、ハイカラな芸者が出てきて、芸が唄や踊りでなく、朗読だったりします。

六代目雷門助六「ふらんす」、異人の女郎買いの話。「九官鳥」、九官鳥で間男がバレる話。

震災後に活躍したのが、初代柳家三語楼です。新しい言葉や外来語を噺のなかに入れて、モダンな雰囲気で売れました。一時は三語楼協会という一派の頭も務めていました。代表作に、今日も演じられている「徳ちゃん」などがあります。「九段八景」とか「銀ブラ」とか、当時の風俗を描いたものが人気があったようです。

三語楼に影響を受けのちに大活躍する落語家が二人います。一人は新作の一時代を築く柳家金語楼、もう一人は昭和の名人の一人となる五代目古今亭志ん生です。

金語楼は少年落語で人気者となり、大正十一年に自作「落語家の兵隊」を発表。ネタ元は少し前の時代に、八代目朝寝坊むらくが演じていた「兵営生活」らしい。当時は徴兵があり、たいていの男性は軍隊生活を経験していたため、そこで起こる悲喜こもごもにはお客さんの共感がありました。これ、結構重要です。共通体験があって共感が得られるというのは、誰でもわかるということです。のちに三遊亭圓歌が「授業中」というネタで売れます。これは金語楼の「兵隊」をヒントにしたと圓歌自身も言っています。軍隊がなくなった戦後の共通体験は何かと考えたときに、学校を思いついたという話です。「落語家の兵隊」がラジオとSPレコードで全国的に人気を博したのと同様、学校を題材にしている圓歌の「授業中」はテレビ時代のさらに広い層に受けたのです。

五代目志ん生は昭和の初め頃（なめくじ長屋（注39）に住んでいた極貧時代）に、三語楼門下にいました。冷遇はされていましたが、フレーズを巧みに操る三語楼の影響をおおいに受け、「火焔太鼓」などに志ん生独自のギャグを折り込み、もともとのネタはあったのですが、志ん生の独自のネタとして蘇らせて口演し、爆笑を生み人気者となりました。

ほかに三語楼門下では、独自のフレーズを受け継いだ初代柳家権太楼、「猫と金魚」（作・田河水泡）などで活躍、時事ネタで活躍した七代目林家正蔵（初代三平の父）らがいます。

金語楼の活躍（昭和初期）

柳家金語楼は大正の末から昭和七年頃まで、有崎勉のペンネームで約三百本の新作落語を作っています。

金語楼作品の特徴は、奇抜なアイディアで作られたナンセンスな作品とでもいうのでしょうか、いくつか紹介しましょう。

「広告気球（アドバルーン）」／広告気球の監視役と聞いて高額報酬の仕事に応募した男、実際はアドバルーンにくくりつけられ人間広告塔にされ、空高く飛ばされてしまう。

「酒は乱れ飛ぶ」／もしも水道の蛇口から水でなく酒が出たらどうなる。大人から子供まで街中の人が皆、酔っ払いになってしまう。

「嫁取り」／結婚が決まった男が新婚生活を妄想して大騒ぎになる。

もとネタは「たらちね」のエピソードですが、アパートの階下の住人から「サーキヤマさーん」と繰り返し注意されるところがおかし味です。

金語楼は昭和五年に、六代目春風亭柳橋らとともに日本芸術協会を結成、現在の公益社団法人落語芸術協会です。

金語楼におおきく影響を受けたのが五代目古今亭今輔です。今輔は上州出身で言葉の訛りがあったため江戸っ子の啖が評価されず、新作に転向したといっています。江戸っ子がリアルに存在していた時代、またそんな江戸っ子たちがお客さんとして寄席に来ている時代ではちょっとしたアクセントの違いが違和感に聞こえたのでしょう。はじめは圓橋に習って太郎冠者作品などを演じていたのが、やがては自身で創作するようになります。

そのとき、創作のヒントとなったのが金語楼作品であり、また今輔自身が金語楼の作品を口演するようになりました。のちに「おばあさん落語(注40)」で開花します。今輔門下の桂米丸、三遊亭圓右、孫弟子の桂米助、古今亭寿輔らに、金語楼のネタは継承されています。

ラジオ放送がはじまったのが大正十四年、放送局はまだNHKだけしかありませんが、それだけに日本中の人がラジオを聴いていました。ラジオで人気だったのは三代目三遊亭金馬です。いま、六十代、七十代の落語ファンで誰を聴いて落語を好きになったかと聞けば、まず金馬の名前が挙がります。わかりやすくて面白かった。「居酒屋」というネタは「ずっこけ」の前半を金馬が面白く改作したネタで、居酒屋の客が小僧と話をしながら飲んでいるというだけの噺なのですが、やりとりの機微や、独特のフレーズ、それを誇張した口調で語る面白さに、子供たちが熱狂したといいます。とくに小僧が品書きを読み上げる場面。「できますものは、つゆ、はしら、鱈、昆布、アンコウのようなもの、鰤にお芋に酢蛸でございます。へーい」これを覚えるために子供たちがラジオにしがみついて聴いたといいます。落語の場合、金馬のようなわかりやすさも大切です。

金馬の新作では、金馬が作って二代目三遊亭円歌が口演して一世を風靡した「呼び出し電話」、電話がまだ珍しかった頃のネタです。そして正岡容・作で金馬が口演した「無精風呂」「食堂車」などがあります。

この頃は、のちに昭和の名人といわれる、五代目志ん生も「夕立勘五郎」、訛る浪曲師の話を演じていますし、六代目三遊亭圓生も「ポン引き」(作・不語仙亭)を演じています。

そのほか、三遊亭右女助(のちの六代目三升家小勝)「水道のゴム屋」、橘乃百円(のちの七代目橘家圓太郎)「センターフライ」、初代柳家蝠丸「女給の文」などがあります。

戦争の足音

昭和六年、満州事変、十二年には日中戦争が始まりました。日本が欧米列強と渡り合うための資源確保のため、大陸や東南アジアに進出して行き、そのことで欧米との対立を深めてゆきます。アメリカが日本に対して経済制裁を行い、物資不足の日本では反米意識が高まっていました。

戦争への気運が感じられる時代のなか、落語や演芸に対してもさまざまな圧力が掛かってきます。浪曲は戦争機運を盛り上げるため、大政翼賛会の指導のもと、「新作愛国浪曲の会」を行いました。落語はおよそ戦争には関係ない、酔っ払いと博打と女郎買いの話が中心と思えど、さにあらず。この頃、戦時国債のキャンペーン落語みたいな新作も作られて口演されていました。どんなものでも戦争協力を強いられた時代です。

金語楼の「落語家の兵隊」は軍隊のなかの牧歌的な話でした。おかしな奴でも兵隊は務まるみたいな話だったのが、政府の指導のもと、少しずつ変えられていき、それに嫌気がさした金語楼は演じなくなり、とうとう落語家を廃業し喜劇役者になりました(注41)。

昭和十六年、落語界は廓噺や間男の噺など時局にそぐわない五十三席の落語を禁演落語として葬る自主規制を行いました。上演禁止命令を恐れての自主規制でした。

落語家というのはある意味したたかなところがあり、古い落語ができないのなら新しい落語を作ればいいというような発想もあったようです。戦争初期には、正岡容や野村無名庵、今村信雄らとともに「小咄を作る会」「落語更新会」などを行いました。「マリアの奇跡」(正岡・作/百円・口演)、「ぶたれ屋」(野村・作/七代目正蔵・口演)などがあり、大貫清花は「防空演習」(三代目金馬・口演)などの戦時落語を多く作りました。

落語作家の登場

大正の頃はまだ落語作家、演芸作家というような職業の人はほとんどいませんでした。「噺の会」にまで遡れば、落語には、作る人、喋る人、その両方をやる人、聴くだけの人がいました。だから、作る人というのも重要なはずですが、明治・大正の頃は、作って喋る人と、昔からある噺を喋る人にわかれていました。

太郎冠者や鶯亭金升、岡鬼太郎はいわゆる文士といわれる人たちで、落語を芸術とか文芸として考えた場合の、指導的な役割として関わっていたようなところがあります。純粋に台本を作る人ではありませんでした。

たとえば、圓朝には「死神」や「名人長二」のような外国小説の翻案ネタもあります。「死神」は今村信雄によるとイタリア歌劇「靴屋とクリスピノ」の翻案だというが、グリム童話「死神の名付け親」も同工の話らしい。「名人長二」はモーパッサン「親殺し」の翻案。とはいえ、圓朝自身が歌劇を見たり、外国の小説を読んで話を翻案したわけではありません。外国文学に精通したお客さんから話を聞いて、アイディアの一部を参考にして創作していたのでしょう。

「名人長二」の発表は明治二十五年。モーパッサンの翻訳の最初は明治三十三年です。まさか圓朝が原書でモーパッサンを読んだわけではありますまい。これは圓朝の贔屓だった有島武(有島武郎の父)が横浜税関長をしていたときに、部下のなかに仏文学の研究家がいて、彼が原書で読んだ「親殺し」の話を聞いた夫人が圓朝に手紙を書いたということらしい。その手紙に対する圓朝の礼状が残っているそうです。昔から圓朝のような落語家にはアイディアを示唆してくれるブレーンがいたということです。

やがて、大正から昭和はSPレコード、そしてラジオの時代になります。落語や浪曲の吹き込みも多く行われましたが、レコード用放送用のテキストを作る構成作家が必要になります。そうした作家をレコード会社や放送局（当時はNHKのみ）が雇い入れました。この人たちがおそらく職業演芸作家の最初ではないかと思われます。作家の正岡容はその頃、経済的に不遇で、レコードの台本を書いて糧を得ていたので、「円盤作家」と自称していたそうです。

戦後はGHQ(注42)の要請で、演芸などでも封建的なものや反民主的な作品が否定され、新しい作品、すなわち新作の需要が増え、昭和二十六年にはラジオの民間放送が始まり演芸番組が拡大、新作の需要が増え、新作の作家、落語家が活躍する時代がやって来ました。

(5)新作落語の時代

落語の転換期

本書は落語史の本ではありません。「新作落語とは何か」を識る意味で、時系列に新作落語史を綴りながら「新作落語の作り方」に迫ってゆこうというものです。

落語史の流れなど細かな話はいちいち記しません。落語史は他の本を参考にしてください(注43)。

さて、昭和三十年代になると、世の中が大きく変貌してゆきます。長屋がなくなり、ビルが建ち始める。景観だけではなく、生活が変わってきます。家電製品や、水道・ガスなどが普及し、井戸や竈も使われなくなります。それまで、庶民の職業は職人か小商人だったのが、サラリーマンが増えてきます。

どういうことかというと、それまで落語は日常のことを描いていました。落語はごく日常に起こることに多少の誇張を加えて笑いを生み出してきました。八つぁん、熊さんも、与太郎も、すぐ隣にいた人たちで、だから存在感がありました。

それが昭和三十年代後半になると、だんだん八つぁん、熊さんは街からいなくなってしまいます。落語はなんとなく、いまの話ではない、ちょっと昔の話を語る芸能になってしまいました。

このとき、落語の方向性を示唆したひとつの考え方に「古典落語」があります。「古典落語」という言い方はよく聞きますが、じつは戦後になって一般化した言葉のようです。

「古典落語」には、落語は「バカバカしいモノ」ではない、「江戸趣味の洒脱で高尚な落語を鑑賞する」みたいなイメージがあります。つまり、落語を江戸の噺、「古典」と位置づけるという考え方です。

「古典落語」という言葉を最初に用いたのは安藤鶴夫(注44)だといわれています。昭和二十年代に放送していた「古典落語の夕べ」というラジオ番組が最初ではないかといわれていますが、山本進(注45)の検証によると、そのまえにも正岡容や今村信雄も用いているそうです。しかし、一般化したのは安藤鶴夫からでしょう。たとえば、「SM」という言葉を最初に用いたのが団鬼六だというのと同じです。違うか。まぁ、いいや。要するに安藤鶴夫が言い出してから、落語家も「古典は松の木、新作は草花」(注46)などというようになりました。

昭和二十八年、三越劇場で「三越落語会」が始まります。それまで落語を上演する場所といえば基本的に寄席でした。それをデパート内の大きな劇場で落語を鑑賞する、いわゆるホール落語の最初で、これをプロデュースしたのが安藤鶴夫でした。

「むろん、寄席の気分も悪くはないが、劇場なみのイスに掛けて、音楽会のようなふんいきを持つ会場で、落語を聞くのはどうだろうという好奇心。それに寄席では、お目あての落語家も、せいぜい二十分ぐらいの落語しかやらないし、正直言って、あんまりありがたくないものが出てくる」(注47)(安藤鶴夫『わたしの寄席』)

ホール落語は月一回くらいで開催、いわゆるホール(演劇やコンサートをやるような劇場など)と呼ばれる会場で行われ、限定された数の選ばれた落語家が、あらかじめ決められた演目を、マクラからサゲまで時間をかけて演じます。気楽に寄席に行って落語や色物を楽しみたいというお客さんとは別に、じっくり名人芸を堪能したいと考える人たちはホール落語へ足を運びました。

「三越落語会」が始まり、そののちに東急が東横ホール(のちの東横劇場)で「東横落語会」を始め、つづいてNHKが「東京落語会」(イイノホール)、昭和四十年代になり、TBSが「落語研究会」(国立劇場)、日刊スポーツ新聞社が「にっかん飛切落語会」(イイノホール)など、放送局や新聞社もホール落語を主催します。

昭和二十九年には、八代目桂文楽が「素人鰻」で芸術祭大賞を、三代目桂三木助が「芝浜」で芸術祭奨励賞を受賞します。この受賞にも安藤鶴夫の尽力があったといわれています。芸術祭賞において落語の初めての受賞で、落語が古典として鑑賞する芸能として国から奨励されたという、まさにお墨付きになりました。安藤らは、落語を「古典落語」として、芸術鑑賞の方向へと示唆し、またそれだけの高尚な話芸を持つ、文楽や圓生といった名人がいた時代でもありました。

もう一つの道は「新作落語」です。俗に「落語家は世情のアラで飯を食い」などといいます。日常に起こる面白いことを語るのが落語なら、時代の変化に応じた新しい話を作ればいい。

「古典もできた時は新作」は、五代目古今亭今輔が古典至上主義の評論家たちに向けていった言葉ですが、間違いではありません。落語の本来は、巷のオモシロオカシイ話を持ち寄って披露したことに始まりました。時代に合わせた新作を作ればいいのです。

落語は古典として江戸のことを語る伝統芸能となるか、新作で現代のオモシロオカシイ話を語ってゆくか。大きな転換期を迎えていました。

メディアと新作落語

昭和二十六年、ラジオの民間放送が始まりました。落語や浪曲などの演芸番組は、芸人のギャラだけで低予算で番組ができ、ＮＨＫ時代からの実績もあり、放送初期には数多く制作されました。

民放各局は、文楽、志ん生、圓生、二代目円歌らと競って専属契約を結びました。加えて、バラエティの司会や大喜利番組にも当時の若手落語家が多く起用されました。

昭和二十八年にはテレビ放送が始まり、皇太子御成婚や東京オリンピックでテレビ受像機の普及が進み、茶の間の娯楽がテレビの時代となります。

テレビ時代の落語家といえば、昭和の爆笑王といわれた初代林家三平でしょう。三平の高座は小噺をつなぎ合わせただけなのですが、話の短さとオーバーなアクションが絶大なインパクトを生み、たちまち三平はスターになりました。ほかには、「授業中」で人気者になった三遊亭歌奴(現・圓歌)、スマートな語り口で現代を描いた桂米丸らが新作で活躍しました。また、そのあとからも、大喜利番組で活躍した、春風亭柳昇、三遊亭圓右らが新作派で活躍します。

昭和四十年代になると、茶の間の中心はラジオからテレビに移行します。ラジオは受験生やトラックドライバーのものとなり、DJ番組が中心となり、落語、浪曲などの演芸番組やラジオドラマなど、ストーリーを楽しむ作品が作られなくなってきます。一方、テレビでも、ただ一人の人が座って話すだけの落語は人気に翳りが見えてきます。

そんななかで、テレビ時代に落語が生き残る道を模索する落語家もいました。立川談志は「笑点」「やじうま寄席」(NTV系)などの番組を自ら企画し、大喜利で座布団をやりとりするビジュアルや、今日のお笑いタレントが体をはって行うレポートなんかを落語家にやらせたりしていました。

月の家円鏡(現・橘家圓蔵)はラジオDJで培った速射砲のような喋りでギャグを連呼、「お笑い頭の体操」（ＴＢＳ系）などの番組で活躍しました。また、五代目柳家つばめは「佐藤栄作の正体」などの時事ネタの新作落語で、ときの政治家や文化人をおちょくりまくり、落語家ならではの批判精神を笑いに転化し語りました。

創作落語会と落語漫才作家長屋

時代に応じて落語が変わってゆくとしたら、時代に応じた新しい落語が必要になってくるのは必然でしょう。

昭和三十年代後半～四十年代、落語界では新作落語の運動がいくつか起こりました。

昭和三十六年、若手新作派の歌奴（現・圓歌）、三平、米丸、柳昇、圓右、小金馬（現・金馬）がニッポン放送の後援で、有楽町ビデオホールで開催したのが「創作落語会」です。評論家の小島貞二が相談役となり、多くの作家も協力し、斬新な試みも行われました。

さらに、その翌年、結成されたのが「落語漫才作家長屋」です。このグループは新作の落語、漫才の作家サイドからのアピールになります。

当時の落語、漫才の作家たちの得意先はＮＨＫでした。多くの演芸番組を放送し、新作の需要もありました。当時、ＮＨＫには「演芸台本研究会」というのがあり、メンバーは玉川一郎、鈴木みちを、名和青郎、松浦泉三郎、長崎抜天、初代林家正楽らベテラン作家、大野桂、神津友好、古城一兵ら当時の若手作家がいました。メンバーは若手作家が自分の作品を朗読し、玉川、鈴木らベテランや、ＮＨＫの担当者が助言をし、面白いとＮＨＫのお買い上げとなりました。ここが演芸作家たちの糧を得る場であったわけです。

昭和三十四年に設立された日本放送作家協会(注48)のなかで、演芸作家たちが集まり、三十六年に放送演芸作家クラブが結成されました。これはより多くの演芸作品の上演をめざし、ＮＨＫ以外での上演をめざしたグループです。民放ラジオ局が開局したとはいえ、ラジオ放送の多くはその頃は、志ん生、文楽が元気で古典が多くかけられていました。新作派は歌奴、三平、米丸、柳昇、圓右、小金馬といった人たちはいましたが、まだ真打になりたてでした。作家たちも落語家たちも新作を発表する場を求めていたのです。このグループが発展し、落語らしい長屋というシステムを洒落にして命名したのが「落語漫才作家長屋」です。

メンバーは、大家・玉川一郎、差配・鈴木みちを、名和青郎、店子総代・神津友好、店子・大野桂、古城一兵、栗山すすむ、丸目狂之介、田部あきら、石川昌子らに、隠居が金語楼、そして新作を口演する落語家、漫才師は居候ということになりました。居候という洒落は結構芸人たちに受け、多くの落語家や漫才師が居候になってくれたそうです。

一年間の準備期間を経て、昭和三十八年、鈴本演芸場で第一回公演、三十九年には、圓右「課長の引越し」(柏木まさき・作)、痴楽「推理作家」(大野桂・作)、今輔「人情お婆さん」(鈴木みちを・作)他で、芸術祭奨励賞を受賞しています。

「落語漫才作家長屋」は作家からの新作落語、漫才へのアプローチという珍しいかたちで、大野桂は「落語史上最初で最後」と言っています。ここからは、作家と演者の落語に対する考え方の相違点も見えてきます。

昭和三、四十年代の主な新作落語

時代が新作落語を求めました。変貌する世の中で、落語家が世情のアラで飯を食うには、現代を料理しなければならない。もうひとつ、テレビやラジオの普及で、落語もまたお茶の間の娯楽になりました。つまり、おじいちゃん、おばあちゃんから小さい子どもまで、誰もが面白いと思うモノでなければいけない。それは古典落語にもあるかもしれないが、女郎買いや博打の噺は、お茶の間には似合わない。新作でも、ウィットに富み過ぎる作品や、政治批判、きわどい恋愛モノなどは敬遠されました。しかし、茶の間の誰もが楽しい新作落語は、じつは大きな笑いを生まないし、わかりやすいものは毒にも薬にもならない。本来、いままでにない新しい笑いを作り出す新作落語というのは、毒と薬の鬩ぎあいでなければならない。

サラリーマンや主婦が登場し、会社や団地が舞台でも、多様化した現代社会を描き切れない。イメージだけのサラリーマンになってしまう。サラリーマン経験のある落語家もあまりいなかった。そういった問題点も当時の新作落語は含んでいました。

昭和三、四十年代頃の代表的な新作落語をいくつかあげましょう。

「空巣の電話」(作・大野桂、口演・二代目三遊亭円歌)、裕福なサラリーマンの家に空巣が入る。仕事を終えて帰ろうとすると電話が鳴り、思わず出てしまう泥棒。

昭和二十九年、電々公社の東京電話加入三十万台記念の新作落語コンクールで入選した作品。これが大野桂のデビュー作。三十万台突破とはいえ、電話のある家は結構な金持ちでした。そんな中流の上くらいの家庭が描かれる、長屋の古典の世界と異なる趣が斬新でした。「呼び出し電話」(作・三代目金馬)、「社長の電話」(作・鈴木みちを)とともに、二代目円歌の電話三部作の一つです。

「お婆さん三代姿」(作・正岡容、口演・五代目古今亭今輔)、少し昔のお婆さんの口癖は「昔はよかった」。文明開化の時代の忙しない世相は嫌だ、江戸時代は風情があってよかったという。聞いている娘は呆れるが、この娘が五十年経つと立派なお婆さん。現代の世相を嘆き、戦前はよかったという。聞いている娘は呆れるが、この娘が五十年経つと。今輔お婆さん落語の代表作です。

「峠の茶屋」(作・初代林家正楽、口演・五代目古今亭今輔)、峠の茶屋に来た客、茶屋の婆さんが田舎モノだからからかってやろう、東京の街をSFチックな未来都市のように語る。婆さんの「おーどれーたよー」というリアクションが独特。お婆さんキャラクター炸裂で爆笑。

「授業中」(作・口演・三遊亭歌奴/現・圓歌)、小学校に新任の、かぼちゃみたいな頭の先生が来た。国語の授業。「山のあなたの空遠く幸い住むと人のいう」の朗読を吃音の生徒が「山のアナアナアナ……あなた、もう寝ましょうよ」。別の生徒は浪曲調で朗読、いつしかカール・ブッセが「国定忠治」になってしまう。ラジオからテレビの時代にホントに大受けした一席です。

「宇宙戦争（賢明な女性たち）」（原作・星新一、脚色・神津友好、口演・桂米丸）、地球の主要都市上空に突然謎の円盤が飛来する。宇宙人の侵略だ。円盤からメッセージが届く。彼らの星ではある日謎の奇病が流行し、女性が全員死んでしまった。そこで他の惑星から女性を移住させたい。「地球の女性の皆さん、私たちの星に来ませんか。私たちは美人の女性しか必要としていません」。この一言に地球上のすべての女性はわれ先にと円盤の放つピンクの光線に飛び込み円盤に吸い込まれていった。地球は男だけになってしまった。昭和三十八年四月、NHK教育テレビ「創作劇場、実験映像ドラマ」として放映されたもの。この時代の落語で円盤が出てきたり、「地球のみなさん」とやるのは、かなり衝撃的だったそうです。

「相合傘」（作・古城一兵、口演・桂米丸）、「よろめき」などという言葉が流行した時代。急な雨に降られて困っているサラリーマンが、同じ団地に住む美女から「傘に入りませんか？」と誘われ、相合傘で団地まで帰ることに。道々、サラリーマンの妄想はどんどん広がってゆく。米丸らの団地落語、サラリーマン落語の代表作のひとつ。多摩ニュータウンなど団地に住む人たちが増えて話題にもなった時代です。

「アニマル革命」（作・大野桂、口演・桂米丸）、博士が動物の言葉がわかる機械を発明する。それを動物たちが利用して次々に自己主張を始める。当時からSFネタは作られていました。

「扇風機」（作・栗山すすむ、口演・春風亭柳昇）、上司からいらなくなった扇風機をあげるといわれた男だが、見栄をはって「いまどき扇風機のない家なんてありませんよ」といってしまう。次の日曜日、なんと上司が遊びに来るという。

柳昇は基本、自作の新作で活躍していました。スピーチが本音で語られたらという「結婚式風景」、社会問題をとぼけた切り返しでおかしく語る「日照権」、古典落語の「弥次郎」を現代的ナンセンスで綴った「南極探検」などがありました。

「初ドライブ」(作・古城一兵、口演・三笑亭笑三)、免許を取ったばかりの奥様が、家族を乗せて初ドライブに出掛ける。

「表彰状」(作・大野桂、口演・三遊亭小金馬/現・金馬)、泥棒がひょんなことから警察に表彰されることになった。表彰なんて泥棒には不名誉なこと。食い逃げや喧嘩など軽犯罪で逮捕されれば表彰はとりやめになるだろうと思うが、街で喧嘩を売った相手は凶悪犯で、逮捕に協力してしまい表彰状が増えてゆく。

このような牧歌的で漫画チックなネタがおそらくNHKなどには受けたのでしょう。

新作落語の問題点

時代が新作落語を必要としました。昭和三、四十年代はそれに応えるべく多くの作家が活躍した時代です。そして今輔、二代目円歌、圓歌、三平、米丸、柳昇、圓右、金馬、笑三、右女助、五代目つばめ、歌丸ら多くの新作派落語家も活躍しました。

だが、この時代の新作落語には、いくつかの問題点もありました。

①時代に応じたネタは新鮮なうちはおおいに受けるが、少し時間が経つと劣化し、ずいぶん古い話のように感じてしまう
②落語というイメージに捉われ過ぎ、サラリーマンなどの現代人が描き切れない。サラリーマンなのに職人口調だったりする
③作家の意図と演者とのあいだにまれにズレが生じることがある

①に関しては、流行語なども同じです。半年前の流行語を思い出してみてください。五、六年前のもののように聞こえます。

この時代は高度経済成長で、街の景観だけでなく価値観も大きく変わった時代でしょう。テレビによる流行の浸透も加速度的に早まっていった時代でもあります。だから、なおさら流行のインパクトは大きかったことも確かで、すみやかに流行やニュース、フレーズなどを取り入れれば大きな笑いを生みました。そこがある意味、落とし穴であったような気がします。

しかし、じつは落語家は案外したたかで、そうした最新の新作落語というのは、そんなには演じられていなかったのかもしれません。いや、実際に昭和四十年代には家電製品による生活の変化をテーマにした落語は多くあり、それらを昭和五十年代にリアルに聞いて古く感じたこともありました。

むしろ作家のほうが流行に飛びつきやすく、その手のネタは作られていたのですが、寄席などで再演されることが少なかったのかもしれません。落語家は寄席で客席の空気を読み、受けないネタはどんどん切り捨ててゆく、というようなこともよくやっています。

あとは多少古く感じても、やり通してしまって説得力というか強引に笑いにもってゆくというやり方もあります。

昭和三十年代頃、寄席で活躍していた九代目桂文治という人がいました。留さんの文治と呼ばれ、おじいさんの落語家が時事漫談的なネタをやるんですが（古典落語のなかに時事ネタを入れることもある）、「最近の歌で、りんごの唄」なんていうことをいう。CDにもなっています。「りんごの唄」はご存じのとおり、昭和二十年、戦後初のヒット曲です。昭和三十年代では「最近の歌」ではありません。でもおじいさんが「最近の歌」の話をすることがおかしいし、アナクロというのでしょうか。そういうおかしさもあるのです。

また、たとえば昭和四十年代には、「呼び出し電話」のような新作落語を古く感じたかもしれませんが、いまの時代になってみれば、昭和レトロな新作落語というか昭和の古典落語になっていたりもします。

何がいいたいかというと、目先の目新しさだけでは落語にはならない、ということです。根底に流れる普遍的な面白さ、それがないと一過性の笑いしか生まない。では普遍性とは何かといえば、それは江戸時代に烏亭焉馬が唱えた「落噺六儀」などもそのひとつであるといえます。

時代が変わって価値観が変わったといいましたが、それでも変わらないモノもあります。親子とか夫婦とか、他人に対する優しさ、あるいは悪意なんかも、普遍的なテーマとして取り上げられるモノです。

それら普遍的な人の心のおかしさが落語にはあります。

②に関しても大きな問題です。それまで、落語は身近な存在として、大工などの職人や小商人を描いてきました。江戸弁だったり、大工には大工の、小商人には小商人の口調や仕草があり、演技表現として、それらが洗練され、ゆえに一人語りでもわかりやすく聞くことができるというのが落語の特徴のひとつです。

ところが、新しい時代に登場する、サラリーマンや主婦や運転手やデパートの店員や、そういう人たちの特徴を捉えた口調や仕草は確立されていません。そうなるとどうなるかといえば、昔ながらの職人や小商人の口調や仕草でサラリーマンを演じることになります。一部は「君、僕」的な言葉を用いますが、根本に流れる精神が職人なのです。

「(新作落語の登場人物は)全部職人なんですよ。『月給日』の社員でも何でもそれがやっぱり一番ぴったりくるんだね」(圓歌)、「寄席のお客さんっていうのは、八つぁん、熊さんを聞きにくる。そこで斉藤君が出てくるとまずいんで、やはり八つぁん、熊さん式の社員じゃないとまずい」(柳昇)(「落語界」二十八号「新作落語家座談会」深川書房)

もちろん、そうした表現方法には批判もあります。

「サラリーマンらしい表現ということにかけては、全く無知なのである。だから、ズボンの下にステテコをはいているような、まことに奇妙な新作落語族というべき人物ができる」と言ったのは安藤鶴夫です（『寄席落語からサーカスまで』ダヴィッド社）。新作落語の人物が古典落語の表現を脱していないことを鋭く突かれました。

また、当時の新作落語には、あとの世代からも厳しい発言をしています。「ただ殿様を社長に変えて、家来をサラリーマンにしたようなねえ、そんなもん、ふざけんな！」（三遊亭圓丈「中洲通信八八号、インタビュー」より）

サラリーマンは、背広に中折れ帽子みたいな、要するに「サザエさん」のお父さんみたいな漠然とした当時のサラリーマンイメージみたいなものはあったのでしょう。金語楼や五代目今輔はそうした表現方法に工夫を見出してはいました。そんななかで、五代目今輔のお婆さんのような、新作ならではのキャラクターも作られていったのでしょう。

ただ、時代はさらに進化して、現代ではサラリーマンのイメージも、中折れ帽子に背広なんていうのはいなくなりました。サラリーマンと一言でいっても、勤務形態や給料だって違うし、営業、事務、技術者いろいろです。表現そのものも難しい。

さらには、お客さんがイメージできないようなもの、それこそ宇宙人、未来人といったものも話術で表現しなくてはいけない。それが新作落語表現の難しいところです。

③に関して、ここがさらなる問題となります。落語すなわち作品に対する、作者と演者の温度差

です。

ひとつには、落語作家たちが文学的な志向で落語の台本を書いていたというのがあげられます。

評論家の矢野誠一(注49)は、「新作作家たちが自己の文学表現の一環として落語を創造しているために、落語がストーリー重視となり、落語としての科白や構成などの完成度を低くしている」と指摘しています(『落語　語り口の個性』三一新書)。

落語作者がストーリーを重視するのは何も自己の文学表現なんかではなく、新しい時代の物語の創造(それが自己の文学性といわれればそうかもしれない)が重要と考えたからでしょう。自己の文学表現で落語を書いている落語作者などそうはいまいと思います。

ところが、こういう話もあります。「『あなたの落語、きいたことないけど、書きました』なんて時もあって、その書いたものと取り組むわけだ」(五代目柳家つばめ『落語の世界』河出文庫)。そんなバカなことがあるのかという話です。作家の勉強不足、というよりはただの失礼ではないか。

しかし、演者の個性に左右されず、ストーリーが面白い作品を書いた、ということもいえなくはない。ただ落語というものは、演者の個性や語り口が重要で、それを無視して書いたものは落語ではなく、落語の形式で書かれた小説、文学であるというふうにも考えられます。そう考えると、自己の文学を落語家に押し付ける作者もいなかったとはいえないかもしれません。それでも落語家は新作という使命感にかられて新作に取り組まねばなりません。

「ところが、いただいた台本は、正直なところ、そのままやって、うけるものは皆無と言っていい。悪口ではない。それが当然なのだ。(中略)ただ名作になる骨組みがあれば、それで大成功なのである。それに、落語家が、肉をつけ、皮をかぶせ、眉をひく、落語家が落語に苦労するのは当たり前の話」(『落語の世界』)

つばめはむしろ、作者の仕事はストーリー作りにあって、肉付けして落語に仕上げるのは白分たち落語家の仕事だといっています。

だが、受けるために落語家が手を入れることに苦言を呈する作者もいます。演芸作家の古城一兵は「(落語家は)笑いをとることに一生懸命」(「落語界」二十八号「新作落語家座談会」深川書房)と言っています。「笑いをとる」すなわち「受ける」ことが重要視され、ストーリーが軽視されることへの苦言です。

現代のストーリーを作る作者、それを落語として寄席やいろいろな場所でお客さんに笑ってもらいたい落語家、その間の微妙な温度差があったことも確かです。

(6)三遊亭圓丈の作家性

実験落語とは何か

「三遊亭圓丈が新作落語を変えた」

それを受けて、演芸評論家のなかには新作落語を論じるときに「圓丈以前、圓丈以後」という人がいます。そのくらい新作落語は圓丈で変わったということですが、圓丈自身は「圓丈以前、圓丈以後」という言い方を嫌っています(三遊亭圓丈『ろんだいえん』彩流社)。「圓丈以前、圓丈以後」という言い方も評論家の便宜上の言い方ですので、当人が嫌がっている表現は、あまり使わないほうがいいでしょう。

圓丈は二ツ目時代(ぬう生を名乗っていた)から新作落語をやり始め、真打になった昭和五十三年から、渋谷ジァンジァンで(注50)「実験落語」を始めました。「実験落語」は当初から注目は集めていたものの昭和五十五年頃から人気が上昇、圓丈もメディアなどで活躍します。

「実験落語」成功の要因はいくつかあります。

ひとつには、圓丈らの新作落語の「新しさ」があるでしょう。古典落語や、それまでの既製の新作落語を否定するところから、新しい創作に挑んだ姿勢がまずあげられます。それらについては、あとで細かく記します。

また、この時代、マンザイブーム(注51)の渦中にあったというのもあるでしょう。マンザイブームで圓丈の新作落語もメディアに取り上げられたというのはあります。そもそも圓丈人気のきっかけのひとつは、テレビの「花王名人劇場」(注52)(CX系)で口演した「グリコ少年」にあります。「グリコ少年」に関しても後述します。

マンザイブームだけでなく、渋谷ジァンジァンを拠点にしたことが、サブカルブームみたいなものともリンクしたところもあるでしょう。マンザイだけではなく、東京乾電池や東京ヴォードヴィルショーといったお笑い系小劇場演劇の台頭とも重なるものはあると思います。

　そして、昭和五十四年に圓丈の師である昭和の名人、六代目三遊亭圓生が亡くなったことも大きいと思います。圓丈自身が圓生の死で新作に大きく舵を切ったというのもあります。実際に昭和五十三年の真打になりたての頃は「落語研究会」などに古典落語で出演していました（「豊竹屋」「お見立て」「かぼちゃ屋」などを聴いています）。

　しかし、圓丈個人のことだけでなく、圓生のあと、昭和五十七年に八代目林家正蔵、十代日金原亭馬生が亡くなっています。落語界において、古典落語の流れの中心的人物が次々に亡くなり、落語界そのものが新作落語を受け入れやすい環境にあったともいえるでしょう。

　「実験落語」は運動体で、圓丈はわりと運動体を作るのが好きです。二ツ目時代は、素人の作家集団「ボールペンクラブ」を作り、五十三年からは「実験落語」、平成になって「応用落語」、今世紀になりプーク人形劇場の「新作落語の会」と続きます。

　「実験落語」は圓丈のほか、夢月亭歌麿（現・清麿）、立川談之助、林家しん平、柳家小ゑん、三遊亭歌吾（現・歌之介）がメンバーで、個性的な新作落語を創作していました。

新しい落語とは

　圓丈の何が画期的だったのか。

　ＳＦ、社会現象を題材にしたり、漫画的発想、映画的発想を用いたり。これは清麿がいった言葉ですが、「落語はプロレスと同じで、3カウント以内なら反則技も許される」。新しい題材や発想、それをいままでの落語のルールから逸脱したかたちでもできる、そんな落語が作られていきました。どんな落語があったか。圓丈および実験落語メンバーの初期の作品より紹介します。

「ぺたりこん」(圓丈／作・ペンキ屋)　ある日、サラリーマンの手が机にペタリコンと貼り付いて取れなくなってしまう。会社はこれを理由に彼を解雇しようと画策する。まだ、リストラなどという言葉が生まれる以前、手が机に貼り付くというSF的な発想で、組織重視人間軽視の社会を鋭く描きました。SF的モチーフで現代の社会問題に斬り込み、しかもバカバカしい。最後には本来のテーマの「親子愛」で結ぶ贅沢な一席です。

「悲しみは埼玉に向けて」(圓丈)　東武日光線の悲哀を語る。当時のギャグで「北千住にはパルコがない」などが冴えた(いまは北千住にパルコはある)。そして、東武日光線の準急の車内で、泣いている女性を見掛けた主人公は……。足立区在住の圓丈の東武日光線や北千住への思いが熱く語られました。圓丈でなければ語ることのできない世界観を創り出しています。

「パニックin落語界」(圓丈)　関西弁ブームが起こり、東京のお笑いは次々に駆逐され壊滅。そこで東京の落語家たちは関西弁を習うが、習得した頃には関西弁ブームは去ってしまう。

関西、東京の落語家が実名で登場。江戸落語の名人たちが席を並べて関西弁を習うとかバカバカしさの極み。実際に当時のテレビのお笑いは、マンザイブームで吉本など関西系に席巻されつつありました。圓丈、小朝、ツービート、セントルイスくらいがそれに必死で対抗していた時代で、ある意味実感のこもった痛切なネタだったのでしょう。

「恵比寿の街にビルが飛ぶ」(清麿)　六〇年代新宿、七〇年代渋谷、原宿と若者の街が変遷した。八〇年代はどうなるのかと考えたとき、まず代々木に注目が集まるが、代ゼミと文化服装学院と共産党のある街は若者の街にはなりえない。そこで恵比寿に注目が集まる。社会現象を巧みに捉えた近未来落語。まぁ、恵比寿も代々木も若者の街にはならなかったが。

清麿は九〇年代にも、こうした「街」をテーマにした落語を多く作っています。ほかにも清麿は映画、プロレス、小ゑんは天文、しん平は暴走族など、自分の趣味や世界観を深く追求したところで新作を作っていました。

それらは、五代目つばめが七〇年代に『創作落語論』のなかで言った、大衆的とは異なるものかもしれません。また、NHKが目指した、子どもから老人まで楽しむことができる落語ともまったく異なるものでしょう。ただ、一部の層には爆発的に受けるし、それらの情報や知識を共有できる、ある程度の層にも十分受け入れられていったといえるでしょう。

圓丈の何が新しかったのか。内容はもしかしたら決して新しくはなかったのかもしれません。ただ、彼らの語った落語は、その演者にしか語ることのできない、独自の世界観を持つ落語でした。すなわち、自分の個性、趣味、価値観を全面に押し出した、落語家の作家性を持った作品を作り出していったということです。

そして一九八〇年、圓丈がブレイクするきっかけになったネタが「グリコ少年」です。「グリコ少年」(圓丈)　江崎グリコ会長の死を悼み、グリコキャラメルはじめ懐かしいお菓子について綴った作品。そこには幼年期の、甘いもの(お菓子全般)、ちょっとした贅沢(森永ミルクキャラメルやバナナ)、おまけ(グリコ)といった夢を与えてくれたお菓子たちへの感謝のメッセージで、また、甘いものを拒むいまの子供たちへの警鐘も促した。

昭和十九年生まれの圓丈より下の二十年くらいは、このお菓子への思いは共感でき(上は戦争でお菓子どころではなかった)、当時の二十代〜四十代前半には共通の話題でした。

これこそまさに、圓丈の世代しか語ることのできないテーマであり、それがある世代には共通の話題であり、それをさらに掘り下げることが圓丈の作家性にあったと思います。

この時すでに、お菓子を食べなくなった子どもたちへの警鐘を促していた「グリコ少年」ですが、九〇年代後半、その子どもたちが大人になり、やがてコンビニの店頭からもキャラメルが消えると、「グリコ少年」はあまり受けなくなり、圓丈自身があまり語らなくなりました。「落語は時代の写し鏡」という思いもあるのかもしれません。

圓丈新作落語の影響

「実験落語」は小さな活動でしたが、多方面に与えた影響はかなり大きなモノがありました。

落語界内部では、まずは当時の落語芸術協会の若手、桂米助、古今亭寿輔らへの影響があります。

米助は米丸門下、寿輔は圓右門下、それまでの新作落語を演じていた若手が、独自の手法とテーマで新作落語を作り台頭、八〇年代になると、圓丈らとも積極的に競演しています。

圓丈が所属する落語協会では、圓丈がトリを取ったときに、「三題噺の会」や「実験落語メンバーとの対決」などといった企画公演がよく行われました。寄席で企画公演が行われるということは、それまであまりありませんでした。八代目林家正蔵が「牡丹灯籠」を通しで演じるとか、あるいは立川談志が池袋演芸場で若手だけで番組を組むなどというのはありましたが、他はあまりなかった。寄席側が、新作を軸とした公演、あるいはトリの演者による企画公演を行うようになったのもこの頃からのようです。

「実験落語」は上方にも影響を与えました。「実験落語」とほぼ同時期、上方では、桂三枝（現・文枝）、桂文珍、笑福亭福笑らが「創作落語会」を結成し活躍、昭和五十八年には東京公演を行い、桂三枝は「ゴルフ夜更け前」（幕末の倒幕派と新撰組がゴルフで対決する）で芸術祭大賞を受賞しています。

この頃、三枝、文珍らは圓丈と競演、目先の新しさだけでなく、作品に作家性を盛り込み、近い世代にメッセージをしてゆく手法を学んだといいます。文珍は圓丈「グリコ少年」に影響を受け、「老婆の休日」「青春グラフィティ」などの作品を作ったと言っています。三枝はそのあとくらいから「ゴルフ夜明け前」のような奇抜な作品よりも、家庭などの日常に普通にある面白いネタを題材に二百席以上の新作落語を創作しています。

八〇年代はサブカルの原点のようなものが起こりはじめた時代でしょう。演劇や音楽など、テレビでもマンザイブームから、いわゆるジャンルを特定しないお笑いタレントがイニシアティブを取る時代になってきました。「実験落語」がある世代や層に向けてメッセージするやり方はサブカルからの影響があると思います。また、圓丈らの発想や笑いの作り方が、演劇やコントなどに影響を与えたところもあると思います。そして、圓丈らを通じて、落語の笑いの作り方、古典が培ってきた手法や普遍的な笑いの作り方も、少なからず多方面に影響を与えていったと思われます。

(7)現代の新作落語

圓丈チルドレン

一九九一年、圓丈は「実験落語」の仲間、小ゑんと、弟子の新型(現・白鳥)とともに、「応用落語」を始めました。この高座から、白鳥はじめ、柳家喬太郎、林家彦いちらが育っていきました。春風亭昇太はそれ以前に人気者でしたが、「応用落語」にゲストとして参加、圓丈の薫陶を受けたところから、その世代の落語家を圓丈チルドレンなどと呼んだりします。

圓丈は、「実験」で清麿、小ゑんら十歳程度下の世代、「応用」で昇太、白鳥、喬太郎ら二十五歳程度下の世代と、さまざまな世代に薫陶を与えています。

落語家と作品を紹介しましょう。

《三遊亭白鳥》類のない創作力。「笑い」に対して貪欲です。伏線を張り巡らす、アニメなどを落語に取り込み、古典落語のギャグを逆手にとって独自の笑いを生み出すなど、白鳥ならではの世界観があります。

老夫婦がやっている居酒屋が、フレンチレストランの影響を受けてしまい新装する「マキシム・ド・呑兵衛」では前半のフレンチレストランで出てきたことがすべてが伏線となって、後半の居酒屋で爆笑に炸裂します。

「アジアそば」では、そば屋の店員がインド人という意外性、「チバ浜」「メルヘンもう半分」など古典のフレーズなどが白鳥の世界に昇華されて爆笑に繋がる新作落語もあります。

白鳥作品の特徴を一言でいうと「バカバカしさ」でしょう。バカバカしいおかしさではない。や や嘲笑に近い笑いを、圓丈のように押しまくってバカバカしさを肯定させてしまうところがあります。それは白鳥にしか作ることのできない、常識を超えた視点にあります。

ところが、白鳥作品は意外にも、柳家一琴、柳家花緑、鈴々舎馬桜、五明楼玉の輔ら古典を演じる落語家が高座にかけています。何故かといえば、発想こそバカバカしいものの、伏線、価値観の転移、言葉遊びなど、じつは古典落語の手法を多く取り入れ、意外性が自然な状況で運ばれている構成になっているからです。古典の技術を駆使すると面白いネタになることを、古典の落語家たちは案外知っているのです。

事実、白鳥のネタは古典派の落語家がやると趣の違った噺に仕上がります。いや、実はたいていの落語家はバカバカしいネタが好きなのです。何故かといえば、受けるからです。

《柳家喬太郎》学生時代から創作を行っていたそうです。喬太郎の代表作のひとつ「すみれ荘二〇一」も学生時代に作ったという。だからといって新作志向で落語家になったわけでなく、根本的には古典落語の思考というか落語の魂が流れている落語家なんだと思います。ただし、新作落語の作り方や科白の運びにおいては、つかこうへい[注53]などの演劇の影響を受けています。人物が饒舌で、科白からきめ細かな性格を描き出してゆくのは、つかこうへいの世界です。だが、そうした目新しさのなかに、普遍的な面白さがあるのは、根本に落語が流れているからです。

「ハワイの雪」、老人のもとに英語の手紙が来る。それは数十年前にハワイに移住して別れた昔の恋人の家族からで、彼女が死ぬ前に一度ハワイを訪ねてほしいというものだった。老人はハワイ旅行が商品の腕相撲大会に出るが、かつての恋のライバルも現われて老人の前に立ち塞がる。

このネタはもともと三題噺で作ったネタで最初は構成も粗かったが、喬太郎の代表作となっているのは、根本に流れる落語のおかし味があるからでしょう。サイドストーリーの面白さも、老人たちの再会というテーマに向かっている枝葉であることが重要です。

ほかに、小さな寿司屋にトロ、イカ、ウニなどのエキスパートが百八人集う「寿司屋水滸伝」、くらげの赤ちゃんの海デビュー冒険譚を描く「母恋くらげ」などの小品は寄席などでも演じられている作品です。

《林家彦いち》創作もさることながら、自らの冒険譚などのドキュメントに本領発揮しています。

彦いちが、実際にヒマラヤに登ったり、ユーコン川を筏で下ったりという冒険者なのもありますが、日常のなかにおかしなものを発見できる才能があります。洋服屋に何故か「冷やし中華はじめました」の貼紙とか。当人が常識人なだけに、異常なものへの関心が高いからでしょうか。電車内でキレる学生をウォッチングした「にらみ合い」などに才気を見せました。「応用落語」を経て、昇太、白鳥、喬太郎らの影響を受け、彦いちはさらに開花しました。

《春風亭昇太》早くから新作の才気を見せ、寄席などでも活躍していました。子供に相撲の英才教育をほどこし、小学二年ですっかり相撲に洗脳されてしまう子供を描いた「力士の春」、噺家を志した若者が修業ののち喋り方が噺家口調になってしまい彼女にふられてしまう「悲しみにてやんでえい」、極端なフィクションながら親しみやすい口調でわかりやすく聞かせ、それらのネタは寄席でも安定した笑いを生んでいました。

昇太自身が自己のなかに「白昇太、黒昇太がいる」と言っていましたが、寄席の面白い昇太とは別の、過激でブラックな笑いを作り出す「黒昇太」で暴れまわったのが「応用落語」のころの高座でした。犬を溺愛するＯＬの身勝手さを犬目線で描いた「愛犬チャッピー」、褒められたくて木を切り倒し、さらには動物や人までも惨殺して歩く「ジョージ・ワシントン伝」などがありました。

「応用落語」のあとは、昇太らは「落語ジャンクション」を経て、「ＳＷＡ」では昇太、白鳥、喬太郎、彦いちが競作やネタ交換などを行い、お互いに影響を受けつつ新作落語を進化させてゆきました。彼らの活動に影響されて新作落語をめざす者、彼らの作品を口演する落語家も増えています。

一方、圓丈は、二〇〇〇年頃から新宿のプーク人形劇場で新たな会を立ち上げ、さらに下の世代、三遊亭丈二、滝川鯉朝、古今亭今輔、桂枝太郎、春風亭百栄、川柳つくし、三遊亭天どん、三遊亭彩大らと活動。ここからも新たな新作グループの活動や、それぞれの作品を他の演者が口演したりと、新作の輪は広がりつつあります。

また、圓丈自身が「作り続けて前のめりで死ぬ」(「応用落語」会報)で言っていたとおり、七十歳の現在でも新作を作り続けています。

立川志の輔

毎年一月、渋谷のパルコ劇場で一カ月の独演会を開催していることでもおなじみな立川志の輔。人気者であることはもちろんですが、毎回趣向を凝らした新作落語をかけることもあり、一カ月間の公演でもプラチナチケットとなる公演です。

志の輔は一九八三年、立川談志に入門しました。立川流になってからの第一号の落語家です。前職の広告関係の知識や人脈を活かし、二ツ目時代から、銀座博品館などで独演会を開催、ビデオモニターを用いて登場人物が会話するなどといった趣向の新作というか、イベント的な落語を演じたりもしていました。

そうした集大成として、パルコにおける、趣向を凝らしたさまざまな新作を作り出していったのでしょう。

「歓喜の歌」　年末おなじみのベートーヴェンの第九「歓喜の歌」、地方の公民館でコーラスグループがダブルブッキング。二つのグループのあいだで奔走する公民館の主任を描く。ラストシーンで、ホンモノのコーラス隊も出演する大がかりなもので、志の輔落語の方向性を決定づけました。平成十六年初演で、映画化もされました。

「ガラガラ」　福引で、本来一本しかないはずの大当たりが数本入っていたことがわかり、大わらわの商店街スタッフを描く。

このときは、福引の玉が巨大化したものが舞台を転げまわりました。ビジュアル的、演劇的な、これまでにない落語を描いています。寄席ではできないネタですが、内容は落語らしいネタ、というよりもパニックに陥った人間の右往左往が描かれるドラマチックな面白さがあります。思わぬ本音のおかしさが出たり、上司の顔色をうかがったり、ときに見栄を張ったり、そこには大人でなければわからないユーモアがあります。まさに現代の落語のような話で、三十代～五十代という大人の観客の共感を得ています。人気の所以はそこにあると思います。

そのほかに、景品のハンドタオルが欲しいために余計なものを買ってしまう主婦の心理を描いた「はんどたおる」。駅員の右往左往を描いた「みどりの窓口」。新聞に出ていた強盗事件の「犯人の持っていたバールのようなもの」は果たしてバールなのかどうかを考える「バールのようなもの」

（作・清水義範）など、小品の新作も、志の輔はずいぶん口演しています。ここにもさまざまな人間ドラマが描かれ、たえず大人の鑑賞する落語をめざしているように思えます。

擬古典の新作落語

テレビや映画で時代劇がありますが、昔からの「水戸黄門」や「忠臣蔵」と同じくらいに、時代は江戸時代でも、市井の人びとの暮らしを描いたり、歴史上の人物でも独自の解釈で描いたりという、時代劇の新作というのはよくあります。有名作家の原作を用いることが多いＮＨＫ大河ドラマなどがそうですね。長谷川平蔵（注54）や中村主水（注55）のような昔の時代劇にはないキャラクターが活躍する時代劇も多くあります。

落語にも、江戸や明治の時代背景のもとで、新しい物語が作られてもおかしくはありません。現代落語だけが新作落語の道ではない。むしろ、古典落語の背景があれば、噺に入っていきやすく、演者も武士や職人の演じ方、古典落語のスキルを使うことができます。作品が面白ければ、「古典」になるかもしれません。ちょっと古い新作ですが、古典に近い評価をされているものに、「試し酒」（作・今村信雄）、「意地くらべ」（作・岡鬼太郎）、「きゃいのう」（作・有崎勉）、「かんにん袋」（作・益田太郎冠者）などがあります。

昭和四十年代は、古典派の重鎮が有名作家による擬古典新作を演じていました。これらは俗に文芸落語などと呼ばれ、いわゆる人情噺に近いネタで、新作落語とは一線を画していました。ホール落語などで演じられ、六代目三遊亭圓生「江戸の夢」(作・宇野信夫)、「水神」(作・菊田一夫)、八代目林家正蔵「笠と赤い風車」(作・平岩弓枝)、「あんまと盗賊」(作・村上元三)、五代目柳家小さん「真二つ」(作・山田洋次)などがありました。

擬古典の運動は当時から小さなものがいくつかあったようです。地方発では、宇都宮の清水一朗が「鬼の涙」などの台本を書き、八代目林家正蔵が演じています。

昭和の終わりから平成の初め頃には、三遊亭圓窓、桂南喬、林家正雀、柳家一琴、古今亭菊千代による「新しい噺絵巻」という会も開催されていました。圓窓、正雀が自作の他、清水一朗(注56)、伊東清(注57)らが作家として参加、また、三遊亭白鳥の擬古典新作「河童の手」などを柳家一琴が口演したりもしていました。

初代三笑亭夢丸は平成十三年から十年間「夢丸江戸噺」と題した、江戸を舞台にした新作落語の台本のコンクールを開催しています。審査委員を務めた神津友好や大友浩(注58)は、「毎回驚くような発想の新作が応募されている」と絶讃していました。入選作は夢丸が口演、大友のプロデュースによるCDの全集も発売されています。

放送禁止落語

八〇年代後半~九〇年代、夢月亭清麿らを中心に、旧実験落語のメンバーらで、池袋演芸場の余一会(注59)などを軸に行われていたのが「放送禁止落語会」でした。当初は、落語の反骨のようなテーマを掲げ、放送がタブーとするエロスや思想的な問題、社会問題などをテーマにした作品が語られていましたが、川柳川柳、立川左談次らをゲストに、やや温和な雰囲気の、ちょっと問題発言が飛び出す程度の寄席公演に落ち着いていきました。立川談之助は「放送できないネタの会ではなく、放送に出られない落語家の会」とギャグで言ったりしていました。

やがて、談之助や快楽亭ブラックが中心となり、「超放送禁止落語」と名前を変え、差別とエロスとタブーを中心に据えた落語会が起こりました。この会は「トンデモ落語会」に流れ、談之助、ブラックに、白鳥、鯉朝、立川談笑らを加えて現在でも活躍しています。

内容をいちいち書く必要もないでしょう。落語が大衆芸能だとするなら、寄席や放送でできないネタというのはいかがなものか。日常会話においても、政治と宗教とプロ野球の話題はタブーだといわれています。一方、江戸の文化人たちがオモシロオカシイ物語を持ち寄った密室の楽しみに遡るなら、エロスも社会批判もなんでもアリなのが落語でしょう。そこに演者のメッセージも打ち出しやすくなります。

焉馬は「官録公辺の噂を禁じ」といっていますが、それは時代が違います。江戸時代は政治批判をすればすぐに捕縛されました。手鎖や遠島のほか、死罪になった講釈師もいました。(注60)また、江戸っ子はそんなに政治批判を喜びませんでした。

というのは、江戸の生活は案外暮らしやすかったので、徳川様には感謝もしていたからです。寛政の改革のような金縮政策がとられたときこそ批判もありましたが、もともと武家社会で、そういうもんだと思って暮らしているぶんには大きな不満はなかったのでしょう。むしろ江戸時代こそ、密室の醍醐味は、エロスにあったのではないかと推察されます。

江戸のエロスと現代のエロスとではまた赴きも違うでしょうが、それこそ快楽亭ブラックのように、ＳＭなどのマイノリティなエロスを笑いに転化させる落語は、ひとつの道であるとも考えられます。

新作群雄割拠の時代

昭和四十年代、新作落語が注目されていました。時代の変遷のなか、お茶の間で楽しめる新しい笑いが求められ、ＮＨＫが新作に力を入れていました。「落語漫才作家長屋」や「創作落語会」も活躍し、昭和の名人たちも文芸落語を演じて評価を受けました。しかし、その時代はまだ落語といえば古典でした。寄席の高座はほとんどが古典落語でした。落語芸術協会はともかく、落語協会で新作といえば、三平、圓歌、つばめ、さん生(現・川柳)くらいでした。

それが平成二十年を過ぎる頃から、寄席の新作率は確実に上がっています。圓丈ら新作派はもちろん、喬太郎、天どんら古典と新作の両輪で活動している落語家が、寄席サイズの一般受けする、それでも目新しい落語を作って、半々くらいで口演しているというのもあったり、馬桜、玉の輔ら古典派のベテランが白鳥や丈二のネタをやったりといったものが見られます。

さらに新作が多くかけられるのは、深夜寄席などの若手落語家の勉強会です。自作をやる者、喬太郎や白鳥のネタをやる者、金語楼のネタをやる者まで、八百人近くいる落語家の三分の一くらいは自作他作を問わず、なんらかの新作落語を持ちネタにしているでしょう。

どういうことかといえば、新作と古典のボーダーがなくなりつつあるというのがあります。寄席は古典落語というイメージも、客席の世代交替でやや薄れ、「面白いモノならなんでもいい」という風潮が進んできているのではないでしょうか。

少なくとも現代の寄席に来るお客さんの多くは、郷愁とか古典鑑賞を目的にはしていないようです。落語は面白さが勝負の時代になってきたようです。

まとめ

本章では、新作落語の歴史をおおまかにふり返り、新作落語とは何かを考察してみました。

(1)落語の発生　江戸後期、江戸の文化人や富裕町人たちのあいだで、歌舞伎や音曲が流行し、そのなかでオモシロオカシイ話を持ち寄って聞かせる「噺の会」のような集まりが誕生した。やがて、話を作るのがうまい者、喋るのがうまい者、ただ聴くだけの者に分かれ、寄席のようなものが登場した。

(2)落語の作り方ガイド　「噺の会」の烏亭焉馬は、オモシロオカシイ話の作り方ガイド「落噺六儀」を著わしている。これによると、オモシロオカシイ話とは、風・ゆきすぎばなし、賦・万八(嘘)はなし、比・地口落ちのはなし、興・下がかりのはなし、雅・りくつ落ちのはなし、頌・人情はなし、があり、そういった話には普遍的な面白さがある。

(3)三遊亭圓朝に落語の作り方を学ぶ　圓朝の時代、幕末から明治の寄席システムから、圓朝の創作法を学びます。人情噺、怪談噺においても、聞かせる話芸だけでなく、たえず笑いを意識している落語的な発想による作風が随所に見られます。

(4)改作、新作、明治・大正から昭和の新作　落語が時代のニーズに応じて変遷してゆくさまを綴る。文明開化の改作や、大正時代の新作、そして戦争に向けて、世の中の変化で、古典落語の一部が禁演になったり、戦時落語が作られたりもした。そんななか、レコード、ラジオで、落語作家という職業が登場する。

(5)新作落語の時代　戦後から昭和三十年代、時代の変遷のなか、落語は古典として生き残るか、新作で時代を語ってゆくか、という選択肢があった。そんななか、落語作家から「落語漫才作家長屋」など新作の働きかけもあった。また、NHKが時代にあった茶の間で楽しむことができる娯楽として新作落語を奨励した時代でもあった。そんな折、落語家と落語家作家の落語に対する温度差も感じられてくる。

(6)三遊亭圓丈の作家性　昭和五十年代に活躍した新作落語の三遊亭圓丈と実験落語、それまでの新作落語と何が違ったのか。そこには、新しさだけでなく、演者(作者)のメッセージ、もっとも語りたいことを笑いのうちに語る「落語家自身の作家性」が重要だった。

(7)現代の新作落語　そうした時代を経て、圓丈の流れ、落語芸術協会の新作の流れ、擬古典の世界、新たな試みと、さまざまな新作落語が登場した。それはまさに多様化した現代の写し鏡であり、古典・新作のボーダーを超えた、オモシロイものを求める客のニーズが存在する。

第二章　新作落語の作り方

本章では、具体的に「新作落語の作り方」についてお話しします。加えて新作落語の上演方法まで。落語は台本のままでは落語ではありません。口演されて、はじめて落語なのです。

(1)新作落語の作り方／五つのポイント

新作落語はどのように作ればよいか

実はそのあたりのことは、一九九七年に「あなたも落語が作れる！」という原稿を、当時、なかの芸能小劇場(注61)で開催されていた「落語ジャンクション(注62)」の会報「自由落語」に書いています。そのころ、「落語ジャンクション」で「第一回新作落語大募集」が行われました。第二回はなかったのですが、この公募がその後の演芸台本公募に与えた影響は大きいのかどうかはよくわかりません。

しかし、この原稿はまったく誰にも影響を与えていないので、ちょっとここに再掲載してみます。一部加筆修正、注釈も加えてあります。

あなたも落語が作れる!

落語はどうやって作ったらよいか。新作落語を志す人の多くにとってバイブル的存在の書として知られる、五代目柳家つばめの『創作落語論』(三一新書)には次のように述べてある。

「これをこうやって、これを気をつけて、入れたらああして、ああやって、なんて、子どもの前であの話をしているみたいな作り方の極意、なんてなものはない。つまり、そんなものはどうでもいいのだ。どんな作り方でも、できあがり方でもいいし、それでこそ現代落語である。自由におやりください」

私もそれでいいと思う。自由な発想、独自の作り方で、自身の感性をぶつければ、自ずと新しい落語が生まれるはずだ。頑張ってください。

創作落語台本制作の五つのポイント

これで終わっては色気もへったくれもない。初めて書く人は落語の書式だってわからないだろうし(そんなもの別にないが)、どういう発想をしたら落語になるのか、落語を書くうえでの注意点とか、いろいろ知りたいこともあろう。

自由に書けばいいのだが、そのうえで新作落語を作る際に知っておいたら得かな、と私が思うポイントを五つほど紹介しよう。

①台本は丁寧に書こう
②古典落語に学べ
③落語を作るとは、物語を作ること
④演者の個性を知ろう
⑤新作は「愛」

これらは結構、落語を書くうえで重要なことだ。ここらを押さえておけば、きっと面白い落語が書けるに違いない。もし書けなかったら、それはそれでしょうがないが……。

①台本は丁寧に書こう

〈原稿の書き方〉

落語は小説のように原稿用紙に書かねばならないのか？　そんなことはない。

たとえば、三遊亭圓丈やその一門は、大学ノートに台本を書いている。見開きページの片側に台本を書き、もう片側に演出方法や、あとから思いついたギャグなどを書き込んでゆく方法だ。これは自分で口演するうえでは便利なやり方だ。ノートなら原稿用紙などのように一枚なくなっちゃった……とかいうこともないし、電車のなかなどでノートを開きながらさり気なく噺を覚えたりもできる。

また、五代目柳家つばめは、落語を台本というかたちにまとめるということはあまりなく、メモ書き程度のものを作り、あとは自分の頭のなかで落語を構築していったという。つばめは「佐藤栄作の正体」などの時事落語で売った落語家だから、たとえば佐藤栄作(注63)なら、そのエピソードやら人物像、独自に作ったギャグなどをメモ書きにし、それらを頭のなかにインプットして構成し、客席の反応を見ながら臨機応変に噺を演じていったそうだ。

いまこのやり方は、意外かもしれないが、ストーリー派の新作をこなす柳家喬太郎が行っている。噺の人物や骨格をすべて腹のなかにたたきこんでしまえば、台本なんかなくても演じることができるのが噺家だということなんだろう。実際、昔の古典落語には台本なんてなかったのだから。

自作自演の人たちはそれでいいが、さて、われわれ台本屋はそうはいかない。台本屋は台本をまず落語家やプロデューサーに読んでもらう必要があるからだ。このへんが厄介なところで、面白い面白くない以前に、読みやすい原稿を書くということが大事になってくる。原稿用紙で書くのが、枚数でだいたい長さもわかるし、いちばん適しているようだ。長さは目安として、原稿用紙一枚が一分程度。ただし、演者や会話の運びによって微妙に違う。

他人に読んでもらうわけだから、丁寧な字で書いたほうがよい。いまから書道を習えとはいわないまでも、なぐり書きでなく一応は清書ぐらいするほうがいいだろう。サラリーマンが会社で企画書や報告書を書くのと理屈は同じである。

演芸作家と呼ばれる人の多くは原稿用紙に書いている。最近の人ではワープロを用いる人もいる。ワープロ原稿は、プロデューサーには喜ばれるが、年配の演者のなかには、「生原稿のほうがありがたい」とか、「字が細かすぎて読みにくい」という人もいる。ワープロ原稿の場合は拡大コピーをとるぐらいの心遣いも必要だろう。

また、昔の作家では、原稿用紙ではなく、そこらへんの紙に書いたという人もいたそうだ。浪曲作家の秩父重剛(注64)は藁半紙に書いたが、原稿用紙に書くのと同じように几帳面な字できっちり書いたという。最近では、貧乏な頃の三遊亭新潟(現・白鳥)が藁半紙に台本を書いていたそうだ。

＊　＊　＊　＊

いやぁ、時代の移り変わりを感じます。いま、手書き原稿の人なんて、まずいないですね。八割以上の人がパソコンで台本を作っているんじゃないでしょうか。三遊亭圓丈もいまではノートでなく、パソコンで台本を作っています。挿入や入れ替えが簡単にできるからだそうです。

とはいえ、読みやすい原稿、わかりやすい原稿を作ることが肝心というのは変わっていません。ごくたまにですが、テレビの仕事をさせていただくことがあります。たまなので、何年ぶりかでテレビ番組の企画書を見たら、写真や表などのデータも駆使して、読みやすい（というか見やすい）ものになっていました。台本にもちょっとした絵コンテを入れたり、さすがにそんな台本は見たことがありませんが、そういう工夫もこれからの台本には必要かもしれません。

②古典落語に学べ

〈創作の基本テクニック〉

落語を作るのにどうしたらいいのか、で悩んだら、とりあえず古典落語に学ぶことだ。

新作は古典にない新しいものの創造、ゆえに脱古典でなければならない、なんていうことはない。ようは落語である。新作だろうが古典だろうが、落語として面白くなければなんの値打ちもない。新作を作るうえで古典落語の基本的な構成や約束事は知っていて損はない。むしろ逆におおいに利用すべきだと思う。

古典落語の約束事とは何かといえば、演じやすさとわかりやすさだ。すなわち、いままでの名人上手たちが工夫をし考案した表現方法、受けるための条件やテクニックだ。これを利用しない手はない。

では、そんな約束事、表現方法をいくつか紹介してみよう。

●落語の登場人物（数）

だいたいの落語は、二人から五人ぐらいの登場人物で構成されている。これは、一人の落語家で演じわけのできる人物の限界が、まぁ、五人がせいぜいということであろう。

もちろん例外はある。「まんじゅうこわい」「寄合酒」のように町内の若い衆が集まっているなんていう落語もある。この場合はリーダーを一人作り、そのリーダー対その他の人びとで会話を成立させ話を進めている。

同じことが「道具屋」などにもいえる。与太郎のお店にお客が次々に来るかたちで、たくさんの人物が出てくるが、各場面では与太郎と客という一対一のかたちで構成されている。

ほかにも「牡丹灯籠」などの人情噺ではたくさんの人物が登場して、複雑な人間関係が展開したりもするが、例外はあるにしろ、演じやすいのは二人から五人くらいがせいぜいであろう。

●落語の場面

二～四場面が理想である。そのぐらいの変化が演じやすく、お客が見てわかりやすい、場面構成の理想であろう。

●落語の長さ

寄席とか放送を考えれば、十分程度なのだろうが、それでは物語が狭くなってしまう。とはいえ、あまり長いのも飽きる。これも例外はあるにせよ、十五分～二十分程度でまとめるのがよろしかろう。台本を発注する落語家やプロデューサーの目的により変わってくる。

●会話で物語が進行する

ほとんどの落語は登場人物の会話で物語が進行する。

面白い会話により、物語の状況や人物の身分や性格を説明したり、展開の伏線を作ったりするのが、落語の基本的な構成だ。古典落語の場合、いくつかのテクニックを用いることにより約束事として人物や場所を描き出すことができる。

(例)腰に手をあてて偉そうに下手から「許せよ」といえば、武士が町人の家を訪ねたことになる。その場合、科白による説明はいらなくなる。

●落語の登場人物(キャラクター)

古典落語の場合、職人、隠居、与太郎、武士、女、子供、殿様など、一種のタイプで演じることができる。新作の場合は、たとえばサラリーマンといっても、いろいろなサラリーマンがいるわけで、サラリーマンとだけ書いてもその表現は難しい。さらに新作では、宇宙人やイラン人、小ギャル、フリーター、女王様など、その表現方法が定まっていないキャラクターが出てくることもあるから厄介だ。そこが面白いところでもあるのだが。

基本的には、あまり突飛な人物は出さず、お客が素直にイメージできる人物を作ったほうがよい。

一方で強力なキャラクターがいれば、噺は面白くなる。古典でいえば、与太郎や殿様など。新作なら、古くはケメ子さんや崎山さん、最近のものでは、圓丈の鼬の留吉、小ゑんのギャル、昇太のチャッピー、喬太郎の女など、こういった強力なキャラクターと、個性の定まったタイプの一般人とのギャップが笑いを生むことが多い。

●ファーストシーン

マクラからネタに入る重要な転換で、インパクトを持たせたほうが聴く側の集中力を高める。だいたいの落語家は導入部で声をはるなどの演技テクニックを用いる。新作では、絶叫からはじまる昇太の新作がわかりやすい。

また、複雑なストーリーのネタなら、脇役の登場人物に物語の状況を語らせる（例「安兵衛狐」など）といったこともある。もっと複雑な噺なら、講談のように「安政二年正月のこと……」と地で説明することもできなくはない。

古典に学び、利用できるテクニックはおおいに利用したほうがいい。ときには、ギャグやキャラクターをいただいてもかまわない。評論家のなかには、新作が安易に古典のギャグを用いることを否定する人もいるが、私はかまわないと思う。評論家が何をいおうと、その場の客を受けさせれば落語は勝ちである。やり方なんてどうでもいい。

ただし、古典の模倣、ストーリーやテーマをそのまま古典から借りてきて、目新しいギャグをちょいとつまんで新作にしてしまうのは好ましくない。新作で描くべき現代のテーマをきっちり描いてこそが新作のあるべき姿である。

古典落語の約束事を使うのはいいが、古典落語の約束事に縛られる必要はない。

五代目柳家つばめの弟子で新作落語の理論派、夢月亭清麿は、新作落語をプロレスにたとえて、「3カウント以内なら反則技だってあり」と言う。プロレスのワイルドな戦いの精神と、反則技だって客に受ければ多少のことは目をつぶるという寛容さが新作落語にはあるという。ようは「なんでもあり」だ。五代目柳家つばめが言うとおり、自由でいいのだ。

ただし、落語であることを忘れてはいけない。落語には落語の最低のルールがある。反則も構わないが、３カウントになれば反則負けだ。プロレスの例がわかりにくければ、俳句。最近では、五・七・五にとらわれない自由な俳句が作られたりもしているが、それでも原稿用紙二十枚の俳句なんていうのはない。

では、落語であるための最低のルールとは何か。

＊＊＊＊＊

②ではおおむね、第一章で書いたことと重複することが多かった。「古典に学べ」とは、古典の約束事を新作に用いても構わないというのと同時に、落語らしい落語、落語の世界観を大事にしたほうがいい、ということなのかもしれません。

③落語を作るとは、物語を作ること

〈面白い物語を作るには〉

落語を作るとは何か？　異論を唱える人ももちろんいるとは思うが、私はようするに面白い物語

を作ることだと思う。じゃあ、小説とどう違うのか。そこらへんは、このあとに説明する。落語の最低のルールを守って作れば、それは落語ということだ。面白い物語を作ることが、私たち台本屋の、まず一番大事な仕事である。

では、面白い物語とは何か。それはいろいろある。

思いつくままにあげれば、ナンセンスな世界、バカバカしい世界、落語的な江戸趣味の世界、注目されている話題、社会問題へのメッセージ、人間の本質に迫る、歴史や科学のエピソードなど、あげればきりがない。とにかく面白い物語、面白くなりそうな物語はごろごろしている。それを探すなり、考え出すなり、あーだこーだして面白い物語を作り台本にすれば、落語はできる。

●落語の最低のルールとは？

二つあげよう。古典落語の熱狂的ファンはもっとあげるかもしれないが、新作の場合は二つで十分だ。

まずは「落語家が一人で演じること」、これは当たり前のこと。で、もうひとつは「客に受けること」。

「客に受ける」とは、単に客が爆笑すればいいということではない。人情噺だって立派な落語だし、おもわずホロリと笑みのこぼれるような落語だって落語である。ようは客が納得することが「受ける」ということだ。爆笑でも、くすくす笑いでも、苦笑でも、感動でも、恐怖でも、しみじみでも、勉強になったでも、なんでもいい。

落語家の喋る内容に客が納得すれば落語である。では、客の納得しない、受けない落語は落語じゃないのかといわれれば、落語じゃない……のかもしれない。しかし、落語家でも台本屋でも、受けようと頑張っている。頑張りは認めてほしい(ちょっと言い訳だなぁ)。

受けるためにはどうしたらいいか。落語家の場合は芸を磨くとか、いろいろある。台本屋はいい台本を書くしかない。

方法のひとつとして、客と共有できる話題を持つこと。共感できるテーマで描くこと。古くは柳家金語楼の「落語家の兵隊」、徴兵があった時代、軍隊経験は男性のほとんど誰もが共有する経験で、そこを面白おかしく描いた作品だから受けた。これにヒントを得たのが、三遊亭圓歌の「授業中」だ。戦後、兵隊を経験する者はいなくなったかわりに、みなが学校へ行くようになった。学校が共有する経験となった。

いまは文化が多様化して、価値観も変化して、なかなか共有する話題は描きにくい時代である。ゴルフやパチンコが流行しているからといって、それが共有する話題になるかといえば難しい。ゴルフもパチンコもやらない人は多い。

五代目柳家つばめは『創作落語論』のなかで、共有できるテーマとして「色と欲」をあげている。立川談志なら「業の肯定」とでもいうのだろう。

もうひとつ難しいのは、すべての(より多くの)客と共有する話題を持つということは、広く浅い笑いしか生まないということになりかねない。視聴率の高いテレビ番組が必ずしも面白いわけではないのと同様のことだ。「サザエさん」や「水戸黄門」を見て喜んでいる客だけを相手にするならそれもよかろう。しかし、そんな新作は、別の方向から考えれば面白くもなんともない。いっそ、もの凄い趣味の世界へ、たとえば快楽亭ブラックのような、強引に客を引きづり込むという方法もある。これには落語家の強い個性と、台本屋にもそれなりの覚悟がいるということだろう。

一人よがりであってはいけない。とはいえ、客席全員が共有するものは少なく、広く浅い笑いしか生まない。落語の最低ルールをクリアするということは結構たいへんなことである。

●はじめにギャグありきでは駄目

面白いギャグを作るのも大切なことだし、受けるためには必要なことだが、ギャグにこだわって物語の面白さが損なわれるようでは、面白い落語にはならない。物語がギャグの奴隷になってはいけないのだ。

はじめにギャグありきでは、物語の構築は進まない。よくサゲから落語を作る作者がいるが、「サゲが落語の命」という考え方もわからぬではないが、サゲが決まってそこへ向けて物語を作るのでは発想が狭くなり、物語が躍動しなくなる。ときにはテーマがピントはずれになりかねない。悪いとはいわないが、私はやらない。それに、古典落語のサゲを作り変えて演じる落語家がいるように、時代や場所や趣味などによって、サゲだのギャグだのはどんどん変わってゆく性格のものである。こだわると損する。面白いギャグを考えても、それが物語の面白さを損なうようなものであれば、涙を飲んで捨てることも大切である。

林家正蔵（八代目）は、平岩弓枝の書いた「笠と赤い風車」について、こんなことをいっている。

「平岩さんは、はじめて落語をお書きになったそうで、そのせいか、あちこちにクスグリがはいっていました。（中略）そのクスグリをほとんどはずしまして……」（『林家正蔵集』青蛙房）。

●サゲ（オチ）について

これも異論を唱える人は多いと思うが、私はそんなに重要視しなくていいと思う。むしろ適当に気が利いたオチをつけて物語が完結しないよりは、物語を完結させてオチがないほうがよい。冗談オチ、出世オチ、困ったときの地口オチ、なんでも結構。気が利いたいいオチがあればそれにこしたことはないけれど。

●物語を構成する

物語を作る、具体的な方法について少々述べる。

私はどうやっているかといえば、基本的にドラマの脚本の作り方でやっている。とはいえ、私はドラマの脚本なんて書いたことないが。要するに本屋で売っているシナリオ入門みたいな本に出ているやり方だ。知りたい人は買って読んでくださいでもいいが、ちょっと説明すると、まずテーマを決める。これがまず大事なことだ。資料を集める。題材を徹底的に研究するわけだ。あんまり研究しすぎても、学者になるわけじゃないんだから、題材のわかりやすい初歩的な解説と、権威的な資料、あとは若干のこぼれ話ぐらいを集めればいいと思う。結構、本なんかたくさん読んでも重複内容や前に読んだ本の引用ばかりだったりする。まぁ、ほどほどに。

ある程度、題材を固めたら、プロットを作る。

そして、箱書きを作る。ギャグとか、場面とか、科白とか、それこそチラシの裏とかになぐり書きして部屋に並べてみて、じっと見たりする。そうしながら構成を作り、またいらないギャグや科白を消去したりする。そうすることで、ストーリーをスリム化するわけだ。

まとまったら、原稿用紙に書く。ここまでやって書き出したら、十五枚くらいのものなら、三時間で終了する。

＊　＊　＊　＊　＊

③も第一章で書いたこととかなり重複します。復習だと思ってください。

資料集めなど、時代の移り変わりですね。インターネットでわりと簡単に、幅広い資料が集められます。ただし個人のブログや掲示板、ウィキペディアなどに書かれていることは信用せず、裏をとりましょう。

箱書き作りもパソコンの画面でできますし、削除や仮保存、挿入などもスムーズにできます。

サゲは重要ではないと書きましたが、それは私の意見で、たとえば台本コンクールの審査員の評論家にはサゲにこだわる人も多いので、そのあたりも注意してください。

④演者のニーズと個性を知ろう〈落語は落語家が演じてはじめて落語〉

どんないい台本を書いても台本のままでは落語とはいえない。落語家が高座で演じてはじめて落語である。

落語家に演じてもらう（落語家から台本を依頼される）にはどうしたらいいか。

日頃から新作を演じる落語家と親しくするということなんだろうが、親しくしないまでも、落語家の高座を聴いて、その落語家が何を必要としているかとか、どんな個性なのかを知ることが大切だ。詳しく知らなくても、だいたいでいいから知っておこう。

女の演技が得意でない落語家に恋愛ものの台本を書いてもうまくできないだろうし、そういうところも考えて書かねばならない。

ただし、これから伸びるであろう若手には、いろいろな挑戦を期待する意味で、あえて個性に合わない台本を書いてみることもときには必要である。自分ではなかなか自分の個性からはみ出すことができないが、作者の手による台本があれば、そういう試みをやってみようという気も起き、それが転機になることもある。

なんのかんのといって、落語は演じてはじめて落語だ。文字で書くのと、声に出して語るのではずいぶん違う。これから台本を書く人にぜひやってほしいのは、一度書いたら声に出して読んでみることだ。テープにとって聴いてみると、台本とは違った側面が必ず見えてくる。

できれば、他人に聞かせたほうがいい。他人の意見に素直に耳を傾けることも重要だ。貴重なアドバイスやときには自分の知らないことを教えてくれることもあったりする。

桂米丸らの「団地落語」を多く手がけた古城一兵は、台本を必ず奥さんに読んで聞かせたそうだ。団地の主婦連中の行動パターンをもっとも知っているのは我が女房というわけだ。

＊　＊　＊　＊　＊

落語の上演方法については後述します。

⑤新作は「愛」
〈愛が欲しい今日この頃〉

三遊亭圓丈は、「新作を作るうえでもつとも大切ものは『愛』である」といっている。何かを見て「美しい」とか「愛しい」と思った気持ちで作った新作こそが名作になるという。心の感動を素直に落語にすることが大切だ、と。

圓丈のかつてのヒット作品に「グリコ少年」があるが、ただの懐かしいお菓子のネタではない。グリコの会長の死に対し、圓丈の「グリコさん、ありがとう」という気持ちで作った作品。そんな圓丈の心の叫びが大爆笑を生んだのだ。

新作にとって、もっとも大切なことは「愛」。つまり、自分のもっとも語りたいこと、伝えたいことを語ることなのだ。もっとも語りたいことをテーマに、物語を作ることなのだ。

小さな花を見て「美しい」と思う、そんな心を楽しい笑いに転化できる才能があれば、あなたも今日から落語を書くことができるだろう。

＊　＊　＊　＊　＊

⑤はいろいろ余計なことや、他ジャンルの例などが紹介されているので、カットしています。究極は、自分の語りたいことを自由に書けばいいということです。

以上は一九九七年に書いたものです。いくつか具体的な落語の作り方、発想の仕方などについて、補足します。

落語の構成

二十分程度の話です。複雑なストーリー展開はいりません。一場面から三場面くらいが適当です。人物も二人から、多くても五人くらいです。端的な言葉でなるべく短く状況説明しましょう。

落語には上下という手法があり、人物の上下関係は目線の切り方でわかるようになっています。

会社の上司と部下、先生と生徒、先輩と後輩、医者と患者などは、説明を加えなくてもだいたいの見当はつきます。こうした古典落語のテクニックはなるべく知っていると、科白を減らすことができます。

そして、終盤はとにかく盛り上げましょう。

サゲは重要ではないと書きました。サゲは重要ではありませんが、物語を構成するうえで、クライマックスは重要です。ギャグで畳み込む、主人公を追い詰める、あるいは主人公が大活躍する、何かもう一つ大事件が起こる、とにかく盛り上げて盛り上げて、サゲに運ばなければなりません。

普通の状況で、適当なサゲをつけても、「サゲがあるから落語」にはなりません。

奇抜な発想はどうすれば生まれるのか

圓丈や白鳥のような奇抜な発想はどうすれば思いつくのか。

それはある意味、その人の人生経験や知識にもよるでしょう。ただ、圓丈も白鳥も、それが自分たちの知識の抽出しが広いとは決していいません。

「湧き上がってくるモノがある」という表現を使い、むしろ知識や経験の抽出しで作品を作ると、「それに縛られて面白い話はできない」ともいいます。

あえていえば、想像力です。あるいは、面白いモノを追い求める探究心とでもいいましょうか。

普通のこと、当たり前の状況に、もし、バカが一人いたらどうなるのか。そういう発想の転換ができるかどうかです。

圓丈のネタに「燃えよジジババ」というネタがあります。あまり演じられないネタです。何故演じられないかといえば、あまりにもバカバカし過ぎるからです。

舞台は火葬場です。そこにバカが一人います。それでは何も起こりません。そこにもう一人バカが来ます。バカが二人揃って、一人のバカが「うちの爺さんのほうが早く燃える」というと、もう一人のバカが「うちの婆さんのほうが早い」。そしてバカ二人の、爺婆の火葬をめぐるバトルが繰り広げられます。

こういうネタはなんでしょうね。普通では思いつかないネタでしょう。

真面目な場所でも、いや、世間が真面目に振舞う場所ならなおさら、バカな状況が起きたときどうなるのか。そこに、どうすれば面白い状況が生まれるのかを想像する、それは知識では補えない何かがあります。駄洒落などの言葉遊びはある程度の訓練で身につきますが、こうした感性はトレーニングの問題ではありません。面白いモノを作りたい、バカバカしい状況を生み出したいという、圓丈にいわせれば「魂の叫び」が、かたちとなって生まれてくるのでしょう。

そうなると、テーマと題材が重要になってきます。何を語りたいかが明確なら、テーマを突き詰めたところに、あなた自身の魂の叫びを感じることができるはずです。

はじめて落語を書く人へ

ちょくちょく落語の台本を書いている人はそうはいないでしょうが。

以上のことを踏まえて、一番書きたいこと、心に思ったことをテーマに、書いてみることです。面白くならなくても構いません。できれば読んで録音して聴いてみましょう。聴いてみて物語が伝わるように何度も直してみることです。

何を書いたらいいのかがわからない、という人は、縛りを設けると、それがヒントになる場合があります。落語家がやっている三題噺の要領です。三題噺の作り方は別にあるのですが、それには今回は触れません。

辞書でも新聞でも、目をつぶって、いくつかワードを選び、それを題材に物語を考えてみる。これは二十分の話を作る必要はありません。プロットだけ作る。これは物語作りのトレーニングです。そのうちテーマが見つかったり、あるいは、面白そうなストーリーが作れたら、それを肉付けして台本にしてみるといいでしょう。

トレーニング方法でいえば、古典落語をアレンジしてみるというのもひとつです。人物を変えてみるとか、職業を変えてみる、そうしたことを繰り返して、落語の構成に慣れるというのもあります。別に発表するものでなければ、何を書いても構いません。落語の構成に慣れたら、小説とか映画とかを落語に脚色してみるのも面白いでしょう。あくまでも自分の原稿用紙、パソコン内でのお遊びですが、そうやって落語や書くことに慣れることも重要です。

そんなトレーニングを繰り返しているうちに、何か魂の叫びを感じたら、いよいよ自分の新作落語を作ってみてください。

（2）新作落語を発表するにはどうしたらいいか

いい台本が書けても、台本だけでは落語ではありません。落語家が語って、はじめて落語として世に出ます。

では、どうすれば落語家に口演してもらえるのか。

一番いいのは、落語家やプロデューサーからの委嘱で台本を書くことです。台本料ももらえます。その代わり、締切もあれば、こういうネタを書いてほしいという注文もあります。魂の叫びでネタは書けません。

また、最近では自作自演の人が多く、台本を作家に発注することは極めて少ない。あっても、番組などに関わっている放送作家や、あるいは新作派の落語家に委嘱することが多いようです。

私の場合も、落語家個人からの委嘱はまずないです。浪曲や講談はときどきあります。落語の台本は、イベントやPV（プロモーションビデオ）などの仕事で、広告代理店とかから注文がくる場合がほとんどです。

では他に、台本を高座にかけるにはどうすればいいか。次の五つがあると思われます。

①落語家と仲良くなる
②自分で新作の落語会をプロデュースする
③落語台本のコンクールに応募する
④新作落語台本の教室に通う
⑤自分でやる

①は、落語家と仲良くなり、自分が台本を書いていることをアピールする。どうすれば落語家と仲良くなれるのかは、わかりません。方法があったら教えてください。
たぶん……まずファンになって、その落語家の落語会に通うことですかね。最近ではSNS(注65)などで、落語家と交流もできるでしょう。会費制の打ち上げなどを開催している落語家もいたりします。参加して、酒を飲みながら話をすれば盛り上がるかもしれません。

ただ、あまりしつこくするとストーカー(注66)と間違えられたりもします。

あと、高額の台本料はたぶん望めません。いいお旦がいて、打ち上げで盛り上がっているときに「俺が台本料を出してやる!」なんていう夢のようなことがあれば別ですが。
②は、これも基本は落語家と仲良くなるところから始めないとなりません。

自分で会をプロデュースするのですから内容も自由に決められます。落語家がオファーを受けてくれるかどうかはわかりませんが、自分の魂の叫びをテーマにした新作を上演することも可能です。

私の知り合いで井上新五郎正隆という人が「ドージン落語」という会を開催しています。おたく系新作落語という特殊な会ですが、ある趣向に偏った面白いネタがかけられています。偏りがあるから、自主公演というかたちをとらざる得ないのかもしれません。小さい会場で少数のお客さんを相手にしているから可能かもしれませんが、それもひとつの方法です。

会を主催するのですから、金銭的な負担もあるし、客を集めたりもしなければなりません。雑用もいろいろあります。タイヘンですが、それを繰り返すことで、台本作家としての認知がされてゆく場合もあります。

③が一番上演への近道かもしれません。いまだと、国立劇場の「大衆演芸脚本賞」、落語協会、上方落語協会などで公募が行われています。

コンクールは入選しないと上演はされませんが、入選すれば賞金がもらえます。常連入選者でプロの作家として活躍している本田久作(注67)や山田浩康(注68)は、落語家や放送局からの委嘱で作品を書くこともあるようです。

では、コンクールに入選するにはどうしたらいいか。まぁ、面白い台本を書けばいいんです。ただ、コンクールというのは、小説や論文のコンクールも同じですが、傾向と対策です。審査員の好みみたいなものを研究する必要があります。

どうすればいいのかといえば、前回の入選作を見れば、おおまかな傾向はわかってきます。落語協会と上方落語協会は落語家が審査員です。ですから、落語家がやってみたい、これをやったら受ける、という作品をこしらえればいいのです。落語の書式から逸脱せず、内容にインパクトがある、そうしたものが好まれると思います。喋りやすく聞きやすいネタが喜ばれます。

あるいは、台本が稚拙でも、自分たちが思いも寄らなかった発想のものがあれば、佳作などで入賞する場合もあります。諦めずに、いろいろな発想を駆使してみるのもひとつでしょう。

一方、国立劇場などは、委嘱された評論家などが審査員で、落語家も加わるようですが、このあたりはよくわかりません。これは私も最近知ったことですが、評論家のなかには台本を読めない人も少なからずいます。芸を聴いて評論はできても、台本から芸を想像できない、劇文学を読み慣れていない人が確かにいます。これは某有名評論家が自分でも言っています。

で、そういう人は台本の出来ではなく、結局、ストーリーで審査します。だから、細かなテクニックよりもストーリーの面白さが重視されます。ただ、審査員は評論家だけではなく、台本作家や落語家も入っているため、そのあたりのバランス感覚も重要になってきます。

傾向をよく見て、それに応じた対策が必要ですが、それ以上に普通に魂の叫びに従って台本を書いたほうが、伝わるものは大きいかもしれません。

④は、都内に一つか二つですが、新作落語を教えてくれるカルチャー教室があります。柳家喬太郎が演じている「孫帰る」の作者、山崎雛子は喬太郎が教室の講師をやっていたときの生徒だそう

です。

もう二十年前になりますが、「応用落語」時代には圓丈が「落語つくり方高座」というのをやっていました。川柳つくしや台本作家の木下真之(注69)がそこの出身です。木下は「冗談言っちゃあフィリピーナ」(圓丈)などの作品があり、コンクールなどでも常連の入賞者です。
⑤は、故・大野桂が落語病患者の重症度の段階について述べていました。レベル1は落語が聴きたくなる。レベル2は落語について語りたくなる。レベル3は落語をやりたくなる。そして一番重傷のレベル4は新作の台本を書きたくなる。
落語を演じるのは、新作落語を書くよりも軽いということです。

天狗連の会でも、少人数を集めた座敷でも、自分でやってみるというのはひとつの方法です。落語家と友達になれない、実際に友達を作るのが下手、という人に残された最後の道かもしれません。いや、友達を作るのが下手だと、天狗連のグループにも入れないし、自分で独演会を主催しても客が来ませんね。

でも、自分の魂の叫びで作った話は自分でやってみてはじめて客席に伝わるものかもしれません。

もうひとつ、上演とは異なりますが、台本の発表方法として、落語の台本集を出版するというのもあります。ただし、古典落語の速記とは違い、落語の台本集はほとんど出版されていません。

『三遊亭圓朝全集』は台本集にも思えますが、これらは速記本でしょう。『柳家金語楼全集』も同様です。台本集なら、「有崎勉全集」になるべきですが、やはり金語楼でないと売れない、というのもあります。

台本集を出している作家には、清水一朗（『化かされ侍』三月書房）がいます。清水は宇都宮落語会の主宰者で、代表作に「鬼の涙」（八代目正蔵・口演）などがあります。清水は歌舞伎の評論なども行う業界の大物でもありますので、台本集の企画も通りやすかったのかもしれません。駿河台の山の上ホテルの豪華な出版記念パーティにもうかがいました。

ほかには、桂南喬や古今亭菊千代に台本を書いていた舞台美術家の故・伊東清も台本集を出しています。擬古典の小粋な落語集で、五巻くらい出ていますが、おそらく自費出版だと思われます。

前出の「ドージン落語」の井上新五郎正隆は台本集の冊子をコミックマーケット(注70)などで発売、実演のDVDも販売もしています。コミックマーケットで売るためではないでしょうが、落語の台本集なのに、萌え系(注71)の表紙のものもあります。これもお遊びのひとつでしょう。冊子にすることで、落語家に読んでもらって興味を持ってもらうという狙いもあるのでしょう。

そのほかにも、橋本喬木が「らは落語のら」など三題噺の冊子を二十巻近く、小林遠馬が「新作落語集」を数巻、出しています。地方の地域寄席を運営している海老原靖芳は「佐世保に始まった奇跡の落語会」でエッセイと新作落語を発表。天野隆「宝塚・銀座の岩屋」（文芸社）という台本集も出ています。

初代三笑亭夢丸と大友浩は公募の入選作をまとめた『えんぜる』（水曜社）、作家の夢枕獏はSW

Aのメンバー(昇太、白鳥、喬太郎、彦いち)と『楽語・すばる寄席』(集英社)を出版しています。

落語家自作の作品集では、最近では、快楽亭ブラック『放送禁止落語大全(1)(2)』(洋泉社)、三遊亭白鳥『砂漠のバー止まり木』(講談社)、古今亭駒次、柳家小ゑんらの『鉄道落語』(交通新聞社)があり、新作台本集では『新作落語傑作本(1)〜(3)』(白夜書房)などがあります。

台本を読んでみることも、書く参考になるのではと思い、記しました。

まとめ

本章では、実際の新作落語の作り方のポイントから、落語の上演方法までを解説しました。

(1)新作落語の作り方五つのポイント

「自由落語」に一九九七年掲載の「あなたも落語が作れる」を再録。

①台本は丁寧に書こう
②古典落語に学べ
③落語を作るとは物語を作ること
④演者の個性を知ろう
⑤新作は愛

を解説しました。さらに構成や発想のヒントを述べています。

(2)新作落語を発表するにはどうしたらよいか

落語である以上、落語家が口演してはじめて落語という話に、落語の台本集の話まで触れています。

第三章　オモシロオカシイ文章の作り方

ここまで、新作落語の作り方について、いろいろ書いてきました。考え方としては、前文で書いたとおりです。短い文章で、小説なら登場人物は三、四人。テーマはひとつに集約する。そして、そのテーマ設定が大事ということです。

新作落語の考え方は抽象的過ぎる。では、もう少し具体的なヒントを。

オモシロオカシイ文章を書くための落語的発想をいくつか記すことにしましょう。

(1)喋り言葉でいい

これも前文に記しました。

「文章を書くということは、書き言葉のセオリーを学ぶことにあります」とかなんとか、「文章の書き方」みたいな本には書いてあると思います。そういうやり方は知っていて損はないので、そういう本から学ぶべきものも多いでしょう、たぶん。いろんなマニュアルや例文も載っているので参考になると思います。

とりわけ官能小説を書こうと思ったら、そういう場面の書き方は、きちんと勉強をしないと、自分のセックス経験だけで書けるものではありません。

しかし、とりあえずみなさんは、官能小説や何か専門的なモノを書くわけではない。みなさんは日本語を使って何十年間かの人生を過ごしてこられた。喋ることでコミュニケーションをとり、手紙や書類や、ちょっとした文章を書くことは日常的に行ってきたと思います。だから、すらすら文章を書くことができる人ももちろんいる。その方はどうぞそのまま、お書きください。

一方、どうも文章は苦手だ、という方もいる。でも書くことで何かを伝えたい。本書を手にとられたのも、書くためのヒントが載っていると思ったからでしょう。

おそらく、小説やエッセイを書いてみようと思ってなかなか書けない人は、出だしの一行が書けないで悩んでいる人が多いと思います。いわゆる美辞麗句を綴ろうなどと考えてはいませんか。浪曲の外題付け(注72)じゃないんだから、美辞麗句は一切必要ありません。カッコウつける必要なんてないんです。ようは、語りたいことを伝える、それが大事なんです。

語りたいことを伝える、その語りたいことこそがテーマであり、それを前面に押し出すのが、作者の作家性になります。

だから、肩肘張って、細かな文章表現にこだわる必要はありません。

文章に慣れていない人でも何十年、喋って日本語でコミュニケーションをとってきたのですから、喋って伝えることは問題なくできるはずです。手紙や書類でなければ、どうぞ喋り言葉でお書きください。喋り言葉でもなかなか書けないという人は、録音して、それを書き起こしても構いません。話すことがちぐはぐだったり、矛盾があっても構いません。あとで読み返して直せばいいのです。喋り言葉で書いてみる、あるいは、喋ったことを文字にしてみる。ここから始めましょう。

飾り立てたってしょうがない。純文学や官能小説なら話は別ですが、オモシロオカシイ文章は少しでも早く、語るべき目的を伝えることが大事です。飾り立てず、自分が普段使っている言葉で書けばいいのです。

普段、上方弁で喋っているのなら、上方弁で書きましょう。ただし、ワープロの変換が面倒くさいので、事前に単語や定型文を登録しておくといいでしょう。上方弁くらいならいいですが、あまり地方の方言だと読み手に伝わらない場合もあります。でも、読み手が同郷の人に限られるなら、それでも構いません。そのあたりは臨機応変にしてください。

落語のマクラ[注73]に学んでも構いません。落語家は案外、昨日あったことをマクラで喋ります。あんな調子でもいいんです。落語に学ぶからといって、文章を会話にする必要はありません。喋り言葉よりも書き言葉に慣れている人は書き言葉でも構いません。

自分が一番得意な言葉で、とりあえず書いてみましょう。

あとから直すことは簡単です。主語を「俺」で書いていたけれど、ちょっとまずいから「ボク」に直そうとか、そんなことはいくらでもできます。美辞麗句を挿入することもできます。

まず、自分らしく書いてみましょう。

(2)テーマの設定

新作落語で学んだことを、一般の文章執筆に活かす一番のポイントは、「テーマ」の設定にあります。

いや、普通、文章を書く場合でも、一番重要なのはテーマです。もちろん、そんなことは常識ですが、面白い題材を見つけたとき、テーマを忘れて書き出してしまうことはよくあります。題材でなくテーマ。あなたが何を書きたいのかが肝心だということを忘れてはいけません。

落語の場合はせいぜいが二十分程度の短いものですから、テーマはひとつに絞ったほうがいいでしょう。文章の場合も同じです。たとえ長編小説や論文であっても、いろいろなものを詰め込み過ぎず、端的にひとつのテーマに絞って話を進めたほうがわかりやすくなります。テーマに集中して物語を進めることが、オモシロオカシイ文章の基本です。

いや、落語の場合、そんなにテーマを気にしているのか?

面白ければ、受ければテーマなんてどうでもいい、というのも考え方のひとつです。笑って、笑って、あとに何も残らないという作品を決して否定はしません。むしろ落語はそれでいい部分もないわけではありません。

しかし、本稿はあくまでも、落語の作り方にオモシロオカシイ文章を学ぶものです。目的はあなたの作品作りに役立てることですから、テーマを抜きに話は進められません。一章、二章で紹介した落語の多くにはテーマがあり、作者や落語家の作家性が表出するもののほうが、面白い落語として聞かれてきています。テーマは作品の芯になる。大上檀に掲げなくても設定すべきでしょう。いや案外、バカ受けしている落語は、落語家が意識しなくても、根底にはテーマがきちんと流れているものです。その落語家の生き方というか、高座の姿勢がテーマな落語家も多くいます。

では、テーマとは何か？

そんなものはわかっている。いちいち説明しなくてもいいよ、という方は読み飛ばしてくださっても構いません。たいていの小説や脚本の入門書にも書いてあります。ここでは、少し具体例をあげながら説明しましょう。

たとえば、あなたが戦争映画を観て感動して、「戦争」について書こうと思ったとします。そんなものはオモシロオカシくはならない、かもしれません。仮にの話です。このとき、「戦争」はテーマではありません。「戦争」を題材に何を訴えたいかがテーマになります。

兵士の「勇敢」とか「戦う美学」とか、「無残」「悲惨」「哀しみ」「死にゆく若者の哀れ」、あるいはなんでそんな戦争が起きたのかへの「怒り」、兵士と親や恋人との交流による「愛」とか、テーマとはそういうものをいいます。あなたが一番語りたいことがテーマとなり、それに向かって物語を構築してゆくことになります。

そこで何を語りたいかというテーマから、もう一度題材を洗い直してみて、さて、「戦争」という題材が適しているのか、「戦争」をもう少し細かく噛み砕く。戦争の何を書けばテーマが強く伝わるのか、もう一度考えてみることになります。

テーマを決めて題材を探す、というのもあります。むしろこちらが普通かもしれません。普段、あなたが書きたいと思っていることに適した題材を探すやり方です。

第二章で書いたように、「作者の主張」が強く前面に出ると、文章に魅力が出ます。あとは、読者の共感を呼ぶような、共通の話題を選ぶのか、あなたの知識や経験で読者を興味のある世界に導いてゆくのか、やり方はいろいろです。

テーマをきっちりと設定する、それがオモシロオカシイ文章作りには欠かせないものです。

(3)テーマの集約

テーマが決まれば、それを絞り込んでゆく作業です。

言いたいことはひとつに絞ることが肝心です。

たとえば、「家族愛」みたいなテーマを掲げるとします。「家族愛」にもいろいろあるでしょう。

どんな家族かによっても違います。大家族なのか、親一人子一人か、あるいは家族がいない人物が家族を求める話とか、一緒に住んでいるのか、離れて暮らしているのか。家族愛を否定して、近くの他人との交流を描くのもアリでしょう。

なんでもアリですが、漠然としたものを絞り込んで、自分のテーマとして打ち出してゆくことが大事です。そうやって絞り込むことで何を書きたいのかが見えてきます。

そこから、テーマが面白くなる題材を探してもよいのです。そろそろ「魂の叫び」が聞こえてきてもいい頃です。

(4)題材探しとディテール

題材もなんでもいいです。ヒントはいたるところに落ちています。街を歩いていて疑問に思ったことなどは題材になりやすいです。

テーマの例のように、映画を観たり本を読んだりして、感動したり面白かったものを題材にするのもよいでしょう。それが一時的な流行のものでも構いません。そこに普遍的なテーマが流れていれば、題材は古くなっても話はそんなに古くはなりませんし、題材を変えてまた、同工の話を作ることも可能です。

単純に思いついたワードから広げてゆくというやり方もあります。

たとえば、「ウサギ」というキーワードを題材に取り上げたとします。なんで「ウサギ」なんだ。例なんだから、なんでもいいですよ。「ウマ」でも「バナナ」でも。とりあえず「ウサギ」にしましょう。

昔ならウサギ関連の本を図書館で読む。いまならインターネットで「ウサギ」を検索してみればいいでしょう。

作家の先生のなかには、「ネットで安易に資料調べをしてはいけない」という人もいます。この意見はある意味では正しい意見です。

落語家は落語の台本を覚えて口演するのではありません。台本を腹に入れて、自分の言葉で喋る人が多い。小説家や脚本家も同じことで、調べたモノを腹に入れて、自分のなかで咀嚼して文章を書いてゆきます。資料をコピーしたものを見ながら文章を書くのでは、資料が腹に入ってないから、底の浅いものしかできない。やはり、文献で調べて、それを書き写すくらいではじめて腹に入るものです。ましてや一般人のブログや掲示板の書き込み、ウィキペディアが資料としての信憑性があるのかという問題もあります。

とはいえ、てっとり早く、題材を識る意味では、ネットは安易かもしれませんが役に立ちます。何も「ウサギ」を極める必要はないのです。論文を書くのではないですから、資料をコピーする必要もありません。資料をもとに発想を広げてゆくのが台本屋の仕事です。発想を広げるきっかけと、基礎資料になればよいのです。

では次に、題材をどう面白い物語に展開してゆくかです。

やり方はいくつかあります。ひとつの方法として、題材のワードを伸ばしてゆく方法です。ネットで調べてもいいですし、自分で思いつくままに、題材の特徴を書き出してみるのもいいでしょう。「ウサギ」なら、「跳ねる」「耳が長い」「白い」「あるいは黒いのもいる」「目が赤い」「人参を食べる」「月で餅を搗く」「ウサギ追いしかの山」「ウサギのダンス」「うさぎと亀」「因幡の白うさぎ」「不思議の国のアリス」「中村うさぎ」「ラビット関根」「木村忠吾」「コロコロうんち」「しめこのウサギ」……。「ウサギ」に関するディテールを深めてゆくわけです。

書き出した特徴で、ギャグや科白を作ってみる。ほとんどは捨てることになりますが、そうしたところからヒントを得て、物語の手がかりを掴んでゆくわけです。

あとは小説なら、登場人物を掘り下げるというのもあるでしょう。短編小説なら落語と同様、多くても三、四人の登場人物で運んだほうが物語がわかりやすく作ることができます。

そこで、その登場人物がどんな人物か、履歴書みたいなものを作ってみるのも一興です。

何年何月、どこで生まれたか。干支と星座を調べて、それこそネットの占いサイトで性格や適正職業、恋愛感なんかを占ってみてもいいでしょう。学歴、というよりどんな子供だったか。スポーツはやっていたか、どんなテレビ番組を見ていたか、動物は飼っていたか。職歴、何故その仕事に就いたのか、やりがいはあるのか、なんか資格を持っているのか。恋愛歴とか、犯罪歴とか。絵が描けたら似顔絵を描いてみてもいいです。でなければ、芸能人で誰に似ているとか、もしこの作品が映画化されたら、どんな役者が演じるかとか。そうするとイメージがいろいろと膨らみます。そんなのはお遊びに過ぎません。時間の無駄かもしれません。

でも、そうやって、ただの紙の上の登場人物に息を吹き込むと、こういう人生を歩んできた人間なら、こんなときにこんなことを言うだろう。ということがわかってきます。そうやって人物に勝手に動いてもらうのも、物語作りの方法のひとつです。

ただし、人物たちが物語から逸脱しようとしたら、いつでも軌道修正してください。設定を変えてもいいし、映画化されたときのキャストのイメージが違えば、別の役者に変えてください。別に違約料は取られません。頭のなかだけの話です。

題材のディテールを集めたら、それらを構成して物語を作ります。

(5)構成は古典落語に学べばよい

第二章で書いたように、古典落語には物語創作のさまざまな手法が用いられています。そうした手法を拝借して文章を作ると、しっかりした構成の話になります。

それはパクリではありません。物語や科白やギャグを使えばパクリですが、普遍的なテーマの立て方、物語の構成、登場人物のキャラクターなどで、先行文芸を参考にすることは問題はない、ごく普通のことです。

これも作家の先生のなかには、「どこかで聞いたことのあるようなストーリーは面白くない。物語はすべてオリジナルで書くべきだ」とおっしゃる方がいます。その先生は次から次にオリジナルな物語が浮かんでくる、もの凄い作家なんだと思います。私たち凡人でも、この一作みたいなオリジナルの書ける人はいます。一発屋でも、それは凄いことです。コンクールなんかで優勝して華々しくデビューしたのに二作目がふるわない、そんな人はたくさんいます。まぁ、その方の性格にもよります。あくまでもオリジナルにこだわり過ぎて、なかなか二作目の筆が進まず潰れる人もいなくはありません。

まず本書は、新作落語に学んでいるわけですから、新作落語は古典落語でも先行文芸でも、物語作りの手法は学んでもいいわけです。そもそも落語が、「源氏物語」や「平家物語」「太平記」などの先行文芸や、ネタ的には説話や民話にも取材をしています。

たとえば、源義経だとか、武蔵坊弁慶、小野小町、弘法大師……歴史上の人物はステレオタイプで描かれるものと決まっています。「弁慶と小町はバカだ、なぁ、カカア」といって、誰がいったのかは知りませんが、弁慶は童貞で小町は処女[注74]というのが先行文芸の約束事のようです。

話がわき道にそれましたが、いまの話なども昔は世間の常識だったわけです。もっと普通な例をいえば、美女の代名詞が小町で、美男が業平になりますね。それはもう、テレビが登場するまでは、いい女は小町、いい男は業平と決まっていました。テレビができて、美男美女の定義も変わってきて、個性的な美男美女も認められるようになってきたわけです。

そうやって、自分で考えたいろいろな題材を、物語の作り方のパターンに当てはめてゆくことはできます。それがどうすればオモシロオカシイ文章になってゆくのか。また、古典落語や先行文芸の何を学べはよいのか。

焉馬の「落噺六儀」

ひとつには第一章の噺の会で紹介した烏亭焉馬の「落噺六儀」は参考になります。あの時代のオモシロオカシイ話作りのマニュアル本です。

「落噺六儀」では、①常識外れの話、オーバーな話、②噓話、③地口などの言葉遊び、④下ネタ、⑤理屈の話、⑥人情話、人間心理の話をあげていました。ストーリーの糸口としては、こうした題材を用いると普遍的なオモシロさが、たとえば……、

①常識外れ、オーバーな話　誰かが坂道で転んだとしましょう。ポケットから蜜柑が落ちて転げていった。別にたいして面白くはありませんね。たとえば転んだ人が紙袋に五十個くらい蜜柑を入れていて、五十個の蜜柑が坂を転がっていったら、その画像を想像したら面白くはありませんか？転んだ人は災難でも、大量の蜜柑が坂を転がって行く絵は面白く映るはずです。そこから物語も生まれます。あわてて拾いに行って、また転ぶとか。たまたま通りがかった人たちが拾ってくれるという人情ストーリーにも運べます。あるいは、ちょろまかす奴とかが出てきても面白い。一のことを五十にしただけで、面白い画像が想像でき、ストーリーの展開も考えられるわけです。さらには

トラックが横転して、千個、二千個の蜜柑が転がっていったら……もっともっと面白くなります。

②嘘話　落語の「弥次郎」「南極探検」、外国の小説の「ほら吹き男爵」(注75)など面白い嘘話はたくさんあります。「ほらふき男爵」って子供のころに読んで結構心ときめいたりしませんでしたか。荒唐無稽な嘘には、そういうワクワク感があります。なるべく誰が聞いても嘘だとわかる話がいいでしょう。

③地口などの言葉遊び　落語には地口などの言葉遊びがよく出てきます。いまは駄洒落などはオヤジギャグといって嫌われます。「梨は無し」とか「油はあぶらい(危ない)」などといったら呆れられますが、和歌の掛け言葉や、先行文芸を題材とした地口などは教養がないとできません。私が好きな話に、蛇が三年経つと鰐になるというのがあります。これを「三つ違いの鰐(兄)さんと」といいまして。浪曲の「壷坂霊験記」(注76)の名文句です。

④下ネタ　これも重要です。嫌いだ、という人は別に参考にしなくても構いません。下ネタには大きく分けて二種類あります。糞尿とセックスですね。

糞尿は、ウンコ、おしっこの話です。子供にもバカ受けです。子供は「ウンコ」といっただけで大笑いします。ウンコを我慢してトイレを探して走りまわるというだけでも壮大な人間ドラマがあるでしょう。落語では「勘定板」「家見舞」「汲み立て」などがあります。新作では圓丈の「肥辰一代記」などもありますね。それこそ困ったときのウンコです。ウンコをオブラートに包めば、屁、オナラでしょうか。落語では「転失気」「四宿の屁」「代脈」などがあります。

セックスは、それこそセックスでの失敗譚、セックスしたくて右往左往する男女の物語、セックスにまつわる事情、不倫とか、夫婦とか、恋人とか、あとは変態プレイまで、いろいろなドラマがあります。五代目柳家つばめは、落語がテーマとして取り上げるものとして「色と欲」をあげました。人間の一番の本音が出るからでしょう。

⑤理屈の話　考えないとわからないような話。そんなのを考えるのも楽しかったりします。頓知などもありますし、ＳＦとか、ナンセンスな世界も入るでしょう。

⑥人情話、人間心理の話　まさに「オモシロオカシイ」話が集約するのは、突き詰めた人間心理にあるでしょう。夫婦の機微、親子の情、本音建前の駆け引き、いろいろあります。

キャラクター

これも一般的な小説の書き方みたいな本でもいわれていることですが、特別なキャラクターを作ると話は面白くなります。

友達とかでもいませんか？　とんでもないバカとか、酔っ払うと人が変わる奴とか、異常にスケベな人とか、調子のいい人でも。たぶん、近くにいたら迷惑な人でも、物語のなかではオモシロオカシイ人物として描くことができるはずです。

落語では、与太郎なんていうのがキャラクターでは王様でしょうね。一般的イメージでも知能の劣った若い男性ですが、ときに言葉巧みに大人をやりこめたり、また建前でなく本音で喋るからモノゴトの本質を鋭く突いたりします。

変わった人、というだけではキャラクターにはなりませんが、そこに変わった人の別の一面を見せてゆくことで強烈なキャラクターになります。

落語では、幇間が出てきます。名前は一八。調子のいい男です。金のためなら「白いものも黒」と言う。一八が追従でお客に翻弄されて大怪我をする話が「たいこ腹」、崖から飛び降りさせられて死ぬ思いもするが知恵で生還する話が「愛宕山」、まぁ、普通に面白い人間が活躍する話です。一方、一八の切ない失恋を描くのが「つるつる」、一八が騙されて、その怒りを自分よりも弱い鰻屋の女中にぶつける場面がおかしいのが「鰻の幇間」。特異な人物が違う一面を見せることで、キャラクターが躍動してゆきます。話というのはそういうモノです。

ただ、特異な人物だけでは駄目で、常識人を出すことで特異さが際立つ場合もあります。

また、特異な人物に、さらに特異な人物を出して盛り上げるモノもあります。「金明竹」では前半は与太郎が主人公ですが、後半では加賀屋の使者という上方弁で意味不明のことをまくしたてる（ちゃんと意味のあることをいっているのだが、聞き手には意味不明に聞こえる）人物が出てきて話を盛り上げます。

なんにせよ、キャラクターは重要です。

いや、そんなに変な人はまわりにいないし、リアリティがないよ、という意見もあります。リアリティを求めるなら、たとえば何かにこだわりのあり過ぎる人というのはどうでしょうか。食べものでもファッションでも、行動でも恋愛でも。そんな人間はいくらもいます。あとは一般常識を間違って覚えている人とか。テーマにあわせて主人公のこだわりを少し強調すれば、リアルで面白いキャラクターを作ることも可能です。

落語の構成法

落語の構成はどうなっているのか。代表的なものをいくつかあげましょう。

①オウム返し　教えてもらったことの真似をして失敗するというモノ。「子ほめ」「道灌」「青菜」「町内の若い衆」「つる」など、落語にはたくさんあります。

②店舗　店などに次から次へといろいろな客が来て、変わった展開を見せるもの。「代書屋」「道具屋」「うどん屋」、店ではないがいろんな借金取りが訪ねて来るのを撃退する「掛取万歳」もあります。

③階段　階段を登るように話が次々に大きくなって盛り上がってゆく。「片棒」「禁酒番屋」「手紙無筆」など。

④逆転　強者と弱者が逆転する。「らくだ」「小言幸兵衛」「文違い」など。

⑤ワイワイ　町内の者が集まってワイワイやる。「まんじゅうこわい」「寄合酒」「酢豆腐」など。

ほかにもいろいろなストーリー展開があります。伏線を張ったり、少しずつ話を盛り上げたり、いろいろなやり方を学んでください。

(6)スリム化

さて、次に肝心なのは省略してスリム化することです。

ディーテルを集め、いろいろな面白い科白やギャグを考案したでしょうが、だいたい十枚くらいの文章なら、笑うところは一カ所か二か所あればいいのです。

落語でも同じです。もちろん、最初から最後まで笑いっぱなしの落語もありますが、ストーリーを聞かせることが大事なのです。

ストーリーを聞かせて人間を描く。ギャグは効果的に聞かせる材料に過ぎません。

その人間のおかしみが大事で、「笑い」は味付けに過ぎません。

文章の場合、とくにギャグが走り過ぎると、何をいっているのかわからなくなる場合もあります。

一生懸命考えたギャグを削るのは、辛いことかもしれません。でも、そこであなたが何を一番言いたいのか、考えてください。

それに、折角考えたギャグや科白は、その文章では使わなくても、他の文章で使うことは可能です。保存して、何かのときに使えばいいのです。

(7)オモシロオカシイ文章とは何か

何もオモシロオカシイ文章なんて書かなくてもいい。ちゃんとした、わかりやすい文章で相手に自分の意思を伝えられればいいんだ。

もちろん、それでも構いません。でも、オモシロオカシイ文章の書き方を落語に学べば、わかりやすい文章が書きやすくなります。

では、「オモシロオカシイ文章」とは何か?

まず、「オモシロイ(面白い)」と「オカシイ(可笑しい)」をわけて考えてみましょう。

「面白い」を辞書で引くと、「面白いこと」。なんだそりゃ。面白いはもう面白いとしか言いようがないのですね。他の意味で「愛すべき」「懐かしい」「喜ばしい」「愉快である」「楽しく快い」などがあります。

「面白い」というのは、「愛すべき面白さ」ということです。ときに「懐かしく」「喜ばしくて、愉快で、楽しく」、いいことずくめじゃないですか。真面目にきちんともいいですが、会社の書類でない以上、小説でもエッセイでもブログでも、すべて遊びです。遊びの先にあるのは、「喜ばしくて、愉快で、楽しく、面白い」ということです。

何も「面白い」を生み出すのは、「笑い」だけではありません。

「可笑しい」は「滑稽である」「笑うべきである」がメインの意味。別の意味で「怪しい」というのも使われます。「おかし」の意味で、「普通じゃないモノに対し、笑いや怪しみを感じること」とあります。「枕草子」に出て来る「春はあけぼの、いとおかし」というヤツです。神秘的なものも「おかし」になります。

「面白い」の意味にはたいへんポジティブなものが含まれます。「笑い」とか「滑稽」というだけでなく、「楽しく」「陽気」なものすべてをいうのでしょう。そして、「可笑しい」は主として「笑い」、そのなかで「変わったもの」に対する表現でもあります。単にユーモラスな文章ということではなく、読み手が興味を引く、明るく愉快な文章、ということになります。

「オモシロオカシイ」というと、「おふざけ」「駄洒落などの言葉遊び」「ナンセンス」「パロディ」「権力への風刺」「バカをからかう」、あるいは「自虐(極端な謙遜)」などを掲げる人もいるでしょう。そういうものも面白い。

でも、もっと広い意味で、捉えてみても構いません。

何故なら、世の中には面白いことがゴロゴロ転がっているからです。題材にはこと欠きません。

「オモシロオカシイ文章」とは、楽しい文章、それでいて「笑い」を軸とした、「ちょっと変わったモノの見方」で文章を書くことだと思っていただいて構いません。

そういう文章が他人の興味を引き、飽きさせずに読ませる秘訣ではないかと考えます。

ちなみに、「オモシロオカシイ」を辞書で引いたら、「いかにも面白い」とあります。

読み手が興味を引く、楽しいと思う文章を心がける、まずはここからが出発点です。

注釈

第一章

（1）

（注1）江戸時代、寄席の芸人が立って演じることを禁じられていた　立って演じることが許されたのは役者だけで、町人や武士の身分がある噺家は立って演じることは厳しく禁じられていた。歌舞伎の所作を真似るのも、立膝で演じた。

（注2）五代目柳家つばめ　一九二七〜七四年。落語家。國学院大学卒業。教員を経て、五代目柳家小さんに入門。「佐藤栄作の正体」など時事的な新作落語で活躍。『創作落語論』（三一新書）、『落語の世界』（講談社）など著書多数。門下に、柳亭風枝、柳家権太楼、夢月亭清麿がいる。

（注3）創作落語論　一九七一年、五代目柳家つばめが著わした本。三一新書刊。「古典落語は邪道である」のキャッチコピーで、落語が現代に生き残る道は新作落語である、という道筋を示した。「このままでは落語が能のようになってしまう」と落語が現代に生き残る道を模索した立川談志の「現代落語論」（三一新書）へのアンサー本であるとも言われている。河出文庫で再販されている。

（注4）團菊爺　歌舞伎で九代目團十郎や五代目菊五郎しか認めない、古いものをありがたがり、新しいものを一切認めない爺さんたち。

（注5）サラリーマン　現代で「サラリーマン」というと一般庶民のイメージがあるが、昭和三十年代以前は、役所や大企業に勤めて高額の給与をもらっている人たちをいった。「月給取り」などとも呼ばれ、背広を着て鞄を持ち、中折れ帽子をかぶっていた。

（注6）島原の乱　一六三七〜三八年に九州、島原・天草で起こった農民反乱。天草は元はキリシタン大名小西行長の領地だったのでキリスト教徒が多かったため、天草四郎を頭にキリスト教徒たちが反乱の中心となった。鎮圧後はキリスト教への

弾圧は強まった。

（注7）シャクシャインの乱　一六六九年、アイヌ民族が松前藩に起こした反乱。

（注8）振袖火事　一六五七年の明暦の大火。死者十万人を越え、江戸城天守閣も焼失した。

（注9）講　もともとは仏教を講義するための集会をいった。江戸時代には、仏教だけでなく、神社や寺参りに行くグループをいい、山岳信仰の富士講、大山講など、信仰に加え親しい者たちで団体旅行を楽しんだ。そうした団体旅行のために積み立て金を行ったのがきっかけに、金融互助組織も講と呼ばれた。さらには文化的な集まりも含めて、講が江戸の街に広がっていった。

（注10）寛政十年（一七九八）に下谷神社でお金をとって噺を披露しました　下谷神社には寄席発祥の地の碑がある

（2）

（注11）紀貫之　平安時代の官僚で歌人。「古今和歌集」の撰者。女性の文体で記した「土佐日記」などがある。

（注12）つくね芋　ヤマイモ科の芋で、とろろにして食す。

（注13）畳鰯（たたみいわし）　しらす干しの小さいのを漉いて、海苔状にした食べもの。日本酒のつまみによい。

（注14）居候（いそうろう）　他人の家に寄宿する人。たいていは家賃を払わず、飯も食べるので、迷惑な存在。昔から居候と川柳は仲が悪いといわれ居候を詠んだものは多い。「居候三杯目にはそっと出し」、飯は食ってもさすがに三杯目は遠慮がちである。「居候角な座敷を丸く掃き」、居候に家事を頼んでも当てにはならない。「居候亭主の留守にしそうろう」、何をしたのかは私にはわからない、などというものもある。落語にもよく登場する。

（注15）駆け落ち　相思相愛の男女が、それまでの人生のしがらみを捨てて、他所へ逃げること。

（注16）質（しち）　借金の抵当物。総じて、抵当をとって金を貸す商売。質屋のこと。

（注17）一分　一両の四分の一。小粒と呼ばれる金貨、銀貨がある。一両を十万円とすれば、二万五千円くらいだが、実際にはそれ以上の価値があった。

（注18）癪（しゃく）　胸部・腹部の激痛。主に女性がなる。

（注19）百草（もぐさ）　よもぎの草を乾かしたもので灸治療に用いる。

（注20）花魁（おいらん）　吉原の遊女のこと。花（鼻）が魁（先欠け）とは意味深な字を書く。

（注21）若い衆　吉原の男性従業員。年寄りでも「若い衆」と呼ばれた。主に呼び込みを行い、その他、雑用一切も行った。また、遊女以外の女性従業員は「おばさん」と呼ばれた。こちらは若くても「おばさん」である。
（注22）箕輪（みのわ）　地名。現在の三ノ輪。都電の駅がある。
（注23）かしわ餅　丸い平らな餅を二つ折りにして餡を挟んだもの。五月五日の節句の供物。つぶ餡、こし餡、味噌餡がある。平井澄子先生によると、味噌餡が江戸っ子の食いモンなんだそうな。

（3）

（注24）寄席の木戸銭も安かった　寄席の格によっても異なったが、安政のころの中程度の、ある寄席の木戸銭が四十八文（約千二百円）だった。
（注25）鉄道馬車　路上の鉄道上を走った乗り合い馬車。イギリスにあったもので、日本では明治十五年から走りはじめたが、鉄道の発展で衰退した。北海道では昭和三十年代まであったらしい。
（注26）二十四孝　中国で親孝行な二十四人について綴られた書物。日本では江戸時代、寺子屋の教材として用いられた。
（注27）速記本　明治政府が国会開設のため速記者の養成を行ったおり、速記者の見習いたちは練習に寄席へ行き、圓朝らの落語を速記した。これが出版されたものが明治二十年代に流行した。速記本が文学の言文一致運動に影響を与えたといわれている。今日でも、わずかではあるが落語の速記本は出版されている。
（注28）幽霊が怖くて面白い　稲田和浩『怪談論』（彩流社）参照。

（4）

（注29）尾形清十郎　落語「野ざらし」の登場人物。釣りの帰りに野ざらしの人骨を回向する。
（注30）お初徳兵衛　初代古今亭志ん生の作といわれ、原題は「お初徳兵衛浮名桟橋」。四代目橘家円喬の速記がある。近松門左衛門「曽根崎心中」から人名のみを借りた。
（注31）初代快楽亭ブラック　一八五八〜一九二三年。落語家、探偵小説家、英語教師など。オーストラリア生まれのイギリス人で日本に帰化。べらんめい調でイギリスの人情噺を語り、人気を博した変な外人タレント第一号。明治三十六年、イギ

リスのグラモフォン&タイプライター社による日本初のレコード録音をコーディネート、落語、講談、浪花節、浄瑠璃、門付け芸など多くの貴重な音を残した。

(注32)**今村信雄**　一八九四〜一九五九年。落語研究家、速記者、作家。速記者、今村次郎の息子。落語「試し酒」の作者としても知られている。

(注33)**ホール落語**　寄席に対し、○○ホールと呼ばれる大会場で開催される落語会。主に劇場、放送局、新聞社などが主催。昭和二十八年、三越落語会が最初で、東横落語会、東京落語会、落語研究会などが開催された。

(注34)**正岡容**　一九〇四〜五八年。作家。落語や浪曲などの研究、評論で活躍。「浪花節更紗」「圓太郎馬車」など芸人を題材にした小説を多く著わしている。演芸のよさ、面白さを追い求めた演芸評論家として、安藤鶴夫と対極に見る人も多い。酒と女と猫をこよなく愛した。

(注35)**ムーランルージュ**　「赤い風車」という意味のパリ、モンマルトルにあるキャバレー。フレンチカンカンや演芸、大道芸のようなショーが呼びもので、寄席に近いものがある。画家ロートレックが通っていたことでも有名。

(注36)**帝国劇場**　現在も日比谷にある劇場。明治四十四年建設、当時は客席数千七百。文化の欧化、欧米人に恥ずかしくない演劇の上演を目的とし伊藤博文が発案。国家事業であったが民間経営で、欧米文化に詳しい益田太郎冠者が芸術監督となった。歌舞伎のほか、女優が養成され、太郎冠者・作の喜劇などが行われていた。

(注37)**コロッケの唄**　益田太郎冠者・作詞の流行歌。「今日もコロッケ、明日もコロッケ」というフレーズは流行語になった。

(注38)**お旦**　旦那の略。芸人に祝儀をくれる人。スポンサーのような存在。

(注39)**なめくじ長屋**　五代目古今亭志ん生が極貧時代に住んでいた本所、業平の長屋。現在のスカイツリーのあたり。当時は湿地で、蚊やなめくじが多く出た。志ん生は著書『びんぼう自慢』(ちくま文庫で再版)のなかで、「なめくじの鳴き声を聞いた」と言っている。

(注40)**おばあさん落語**　五代目古今亭今輔が演じた、おばあさんを主人公にした落語。元気で個性的なおばあさんが炸裂した。「お婆さん三代姿」(作・正岡容)、「お説教お婆さん」(作・鈴木みちを)などがある。

(注41)**喜劇役者になりました**　柳家金語楼は、榎本健一、古川ロッパとともに日本の三大喜劇役者と呼ばれている。

(注42)**GHQ**　連合国軍最高司令官総司令部(General Headquarters)。戦後の日本の統治を行った連合軍の最高機関。GHQは日本から封建的なもの、人種差別、女性差別、搾取などを一掃するため、それらを肯定的に描いている芸能の上演を規制した。検閲機関としてCIE(情報教育機関で日本の民主化を指導するのみ)とCDD(軍の機関で検閲や上演禁止命令を

出すことができた)があったが、日本の芸能者にとってはどちらもGHQの命令としか聞こえず戦々恐々とした。

(5)

(注43)**落語史は他の本を参考にしてください**　稲田和浩『にっぽん芸能史』(映人社)など。

(注44)**安藤鶴夫**　一九〇八〜六九年。作家、演芸評論家。戦後の演芸界で力を有し、三越落語会を開催するなど、落語の地位向上に務めた。小説『巷談本牧亭』で直木賞受賞するなど作家としても活躍した。

(注45)**山本進**　一九三一〜。落語研究家。東京大学卒業で、『落語事典』『圓生全集』(青蛙房)の出版に大きく関わっている。著書に『図説・落語の歴史』(河出書房新社)などがある。

(注46)**「古典は松の木、新作は草花」**　六代目三遊亭圓生が言ったといわれている。新作は草花で美しいが、一時期だけの美しさですぐに枯れてしまう。そこへゆくと古典は松の木でいつまでも枯れずにいるものだ。それに対し、三遊亭圓丈は「新作が草花なら、枯れたらすぐに新しいのを咲かせてみせる」と言っている。

(注47)**あんまりありがたくないもの**　安藤鶴夫は落語の好き嫌いが明確で、たとえ人気があっても、三代目三遊亭金馬、三代目春風亭柳好などは評価していない。また、新作に対しても認めず厳しい評価をくだしていた。

(注48)**日本放送作家協会**　日本放送文化の向上を目的とした放送作家、脚本家、ゲーム作家らの団体。

(注49)**矢野誠一**　一九三五〜。演芸評論家。落語、演劇など幅広く評論。著書に『志ん生のいる風景』『圓生とパンダが死んだ日』(青蛙房)など。

(6)

(注50)**渋谷ジァンジァン**　渋谷の公園通りにかつてあった小劇場。実験落語のほか、高橋竹山の津軽三味線、東京乾電池、イッセー尾形、マルセ太郎、淡谷のり子、中村伸郎、永六輔らが定期公演を行い、八〇年代サブカルチャーの発信地として若者に人気だった。

(注51)**マンザイブーム**　一九八〇年にフジテレビが仕掛けたお笑いブーム。横澤彪フジテレビ・プロデューサーによる「THE MANZAI」が火つけ役となり、ツービート、B&B、ザ・ぼんちらがブレイク、その後の「オレたちひょうきん族」「笑

っていいとも」などを生むきっかけとなった。ブームは二年で終息したが、ビートたけし、島田紳助らはその後のテレビでも活躍、お笑い界、テレビ業界に与えた影響は大きい。

（注52）**花王名人劇場**　一九七九〜九〇年にCX系で放送されたバラエティ番組。花王の一社提供で、プロデューサーは「てなもんや」シリーズを手がけた澤田隆治。国立演芸場などでの演芸中継に、マンザイブーム以前にツービートやB&Bを起用したり、新作落語や、落語家の珍芸・裏芸などのさまざまな企画が行われた。

(7)

（注53）**つかこうへい**　一九四八〜二〇一〇年。脚本家、演出家。七〇年代の第二次演劇ブームの中心人物。稽古場で役者と一緒に芝居を作ってゆく、それまでの戯曲重視の演劇へのアンチテーゼで、以降の演劇に与えた影響は大きい。代表作「熱海殺人事件」「蒲田行進曲」「つか版忠臣蔵」など。

（注54）**長谷川平蔵**　一七四五〜九五年。江戸中期の旗本。池波正太郎の「鬼平犯科帳」の主人公で有名。寛政のころ、火付盗賊改方長官を務め、悪を憎む一方、市井の人情に通じていた人物として描かれている。テレビドラマ化され、八代目松本幸四郎、丹波哲郎、萬屋錦之介、中村吉右衛門が演じている。

（注55）**中村主水**　テレビドラマ時代劇「必殺シリーズ」に登場する架空の人物。町奉行所の同心でありながら、金をもらって悪人を殺す、仕事人、仕置人、仕業人などと呼ばれている裏稼業を行っている。神影流、小野派一刀流などの免許皆伝らしいが、後半の仕事人シリーズでは相手の隙を狙って刺すなどの暗殺剣を使うことが多かった。藤田まことが演じた。

（注56）**清水一朗**　一九三四〜。歌舞伎・落語研究家。宇都宮落語を聴く会を主宰。「鬼の涙」はじめ落語台本多数執筆。著書に『落語・歌舞伎あわせ鏡』（三一書房）など。

（注57）**伊東清**　一九三四〜二〇〇九年。舞台美術家。日本テレビに勤務し「笑点」の美術などを担当。八代目林家正蔵の芝居噺の道具の補修、再製作などを行ったりもしている。「親馬鹿」（桂南喬・口演）、「くの一」（古今亭菊千代・口演）など落語台本多数執筆。

（注58）**大友浩**　一九五八〜。演芸評論家。CDプロデューサー、文化庁芸術祭審査委員などで活躍。著書に『花は志ん朝』（ぴあ）などがある。

（注59）**余一会**　三十一日に寄席で行われる公演。

（注60）**死罪になった講釈師もいました**　江戸時代の講釈師、馬場文耕（一七一八～五九）は当時、審理されていた金森騒動についての私見を講談で述べたため捕縛され、打ち首となった。

第二章

（1）

（注61）**なかの芸能小劇場**　中野区の舞台施設。利便性がよい小劇場なため、落語会、お笑いライブ、邦楽の演奏会、各種素人芸の発表会などでよく使われている。

（注62）**落語ジャンクション**　「応用落語」解散後、プロデューサーの渡辺敏正が立ち上げた会。昇太、白鳥、喬太郎、彦いち、神田茜、清水宏、モロ師岡、楠美津香らが出演した。

（注63）**佐藤栄作**　一九〇一～七五年。政治家。一九六四～七二年内閣総理大臣を務め、その間、高度経済成長などもあり長期政権を維持、沖縄返還などを行った。一九七四年、ノーベル平和賞を受賞した。

（注64）**秩父重剛**　一九〇五～七六年。浪曲作家。浪曲黄金時代に活躍。代表作「赤城の子守唄」「黒田武士」「慈母観音」など。

（注65）**SNS**　私もよくはわからない。たぶん、ツイッターとかフェイスブックとか、そういう類のものだと思う。

（注66）**ストーカー**　侵入者の意。最近では「つきまとい」なんかをいう。生活のなかに無理矢理入り込んでくるからだろう。

（注67）**本田久作**　一九六〇～。落語作家。大阪出身だが、東京の落語界で数多くの作品を執筆、落語作家として信頼を得ている。代表作「わしの葬式」（古今亭志ん五・口演）、「幽霊蕎麦」（柳家権太楼・口演）、「落語版源氏物語」（柳家喜多八、立川談春ら・口演）など。

（注68）**山田浩康**　年齢不公表。演芸作家、放送作家。「笑点」などの構成作家としても活躍。代表作「となりの芝生」（林家たい平・口演）、「もてたい」（夢月亭清麿・口演）など。「ルパン三世」の声優、故・山田康雄の息子だとか。

（注69）**木下真之**　年齢不公表。演芸作家、テクニカルライター、インタビュアー。理系目線の新作落語が特異。著書『ウザい奴の話は終わらせるに限る』（アールズ出版）など。

（注70）**コミックマーケット**　同人誌即売会。現在は東京ビッグサイトで開催されている、参加者六十万人に迫る世界最大規模のもの。コスプレの女の子も多く参加しているそうな。

（注71）**萌え系**　「萌え」とは、アニメ、漫画、ゲームソフトのキャラクターに対する感情表現。草木が芽吹く「萌え」と、感情が熱く昂ぶる「燃え」を掛けたものと思われる。いわゆる、オタクと呼ばれる男子が、そうした感情を抱く対象の女子キャラクターの系統が「萌え系」となる。アニメ風なカラフルな髪の色や、制服、水着、ミニスカ、戦闘服、メイド、もろ肌脱ぎ、その他、各種コスプレ衣裳が基本となる。

第三章

（1）

（注72）**浪曲の外題付け**　「旅行けば駿河の道に茶の香り」「利根の川風袂に入れて」「妻は夫を労わりつ」とか、そういうヤツ。

（注73）**落語のマクラ**　落語家が本題に入る前に喋る雑談。本題に関係のある小噺などを話す場合が多いが、最近ではただ身辺雑記を話す場合も多い。

（5）

（注74）**弁慶は童貞で小町は処女**　弁慶は童貞ではないが、ただ一人だけ愛した女性をずっと想いつづけ、以来他の女性とは関係を持たなかったといわれている。一方の小野小町はモテ過ぎて選んでいるうちに年を取ってしまい、今度は誰にも相手にされなくなってしまった説や、もともとセックスのできない体質だった説などがある。

（注75）**ほらふき男爵**　ドイツ人のミュンヒハウゼン男爵（一七二〇〜九七）が語った嘘の冒険物語。実際にロシア軍の将校として従軍していたので、物語にはホントの冒険譚も含まれる。

（注76）**壷坂霊験記**　浪曲は浪花亭綾太郎の口演で人気。盲人の沢市に献身的に尽くす妻のお里の純愛物語。「妻は夫を労わりつ」の外題付けや「三つ違いの兄さんと」などの名科白は喜劇などのパロディでも用いられている。